U0449159

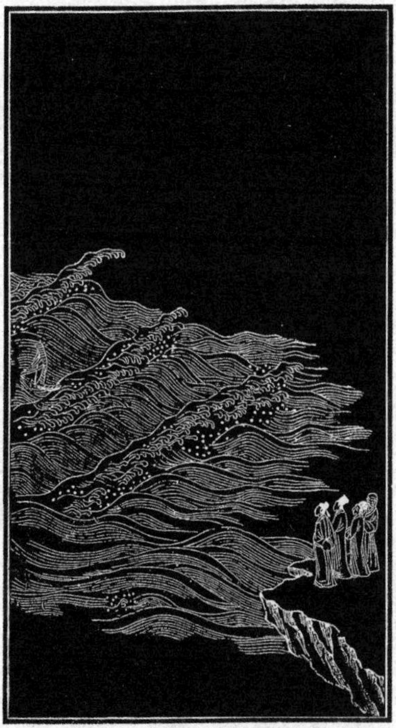

The Water Kingdom
A Secret History of China

Philip Ball

水 中国文化的地理密码

[英]菲利普·鲍尔 著

张慧哲 译

重庆出版集团 重庆出版社

Copyright ©Philip Ball, 2016

版贸核渝字(2020)第058号

图书在版编目(CIP)数据

水:中国文化的地理密码 / (英)菲利普·鲍尔著;张慧哲译. — 重庆:重庆出版社,2021.8
书名原文:The Water Kingdom:A Secret History of China
ISBN 978-7-229-15879-8

Ⅰ.①水… Ⅱ.①菲… ②张… Ⅲ.①水－文化研究－中国 Ⅳ.①K928.4

中国版本图书馆CIP数据核字(2021)第113051号

水:中国文化的地理密码
[英]菲利普·鲍尔 著 张慧哲 译

出　　品：华章同人
出版监制:徐宪江　秦　琥
责任编辑:陈　丽
责任印制:杨　宁
营销编辑:史青苗　刘　娜
书籍设计:潘振宇 774038217@qq.com

重庆出版集团
重庆出版社 出版
(重庆市南岸区南滨路162号1幢)
北京博海升彩色印刷有限公司　印刷
重庆出版集团图书发行有限公司　发行
邮购电话:010-85869375
全国新华书店经销

开本:880mm×1230mm　1/32　印张:9.625　字数:230千
2021年10月第1版　2021年10月第1次印刷
定价:65.00元

如有印装质量问题,请致电023-61520678
版权所有,侵权必究

苁

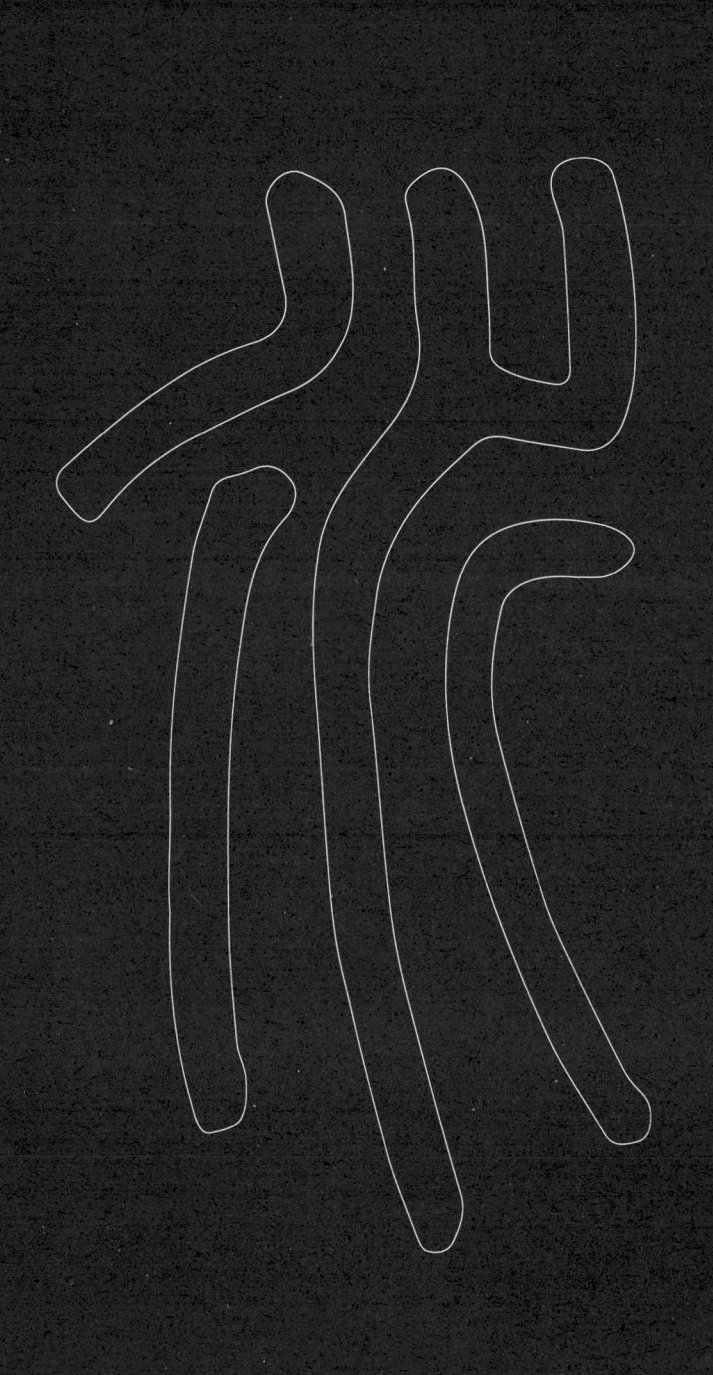

序言
颐和园的雨

Introduction
Rain on the Summer Palace

1992年第一次访问中国时，我在北京通过别人介绍认识了张博士。遗憾的是，我一直没有记下他的全名，而现在也不可能查到了：这就好比在伦敦找一位史密斯博士，或者在慕尼黑找一位施密特博士。当然，我知道张博士曾经在北京电子显微镜实验室工作，而且他的英语很好，这让我当初跟他见面时松了一口气，因为我那会儿的中文水平仅限于一句用途颇广的"你好"。

　　那个时候，在中国做科研要面对各种现实的困难。就在张博士带我参观他的实验室时，突然停电了，研究生们只能既气恼又无奈地鱼贯走出大楼。"这不会损坏显微镜吗？"我问。"哦，会的。"张博士若无其事地回答。

　　他问我，我在北京还见到了什么。我坦白地说，直到当时为止，我还基本哪儿都没去游览过。拜访、职责，还有与我的学术东道主们共进令人生畏的丰盛晚餐，塞满了我的每一天。"那我们一定得去颐和园。"张博士强调说。我们跳上一辆拥挤不堪的公交车，缓缓地从一支支自行车车队旁边经过——当时北京公路上唯一的小汽车是国有出租车——向市郊驶去。

　　幸运的是，天下着小雨，因此颐和园相对宁静。但我之所以喜欢这场雨，其实还有其他原因。从雕龙画凤的长廊上滴下的雨滴，恰恰象征着我对中国浪漫的憧憬。而自从我来到中国，这一憧憬已经备受打击。小男孩们喊"Hello"，想卖给我几根烤玉米。"他们只会说这么几个英语单词，"张博士说，"这个，还有'one yuan'。每个老太太都会说这两个词。"

能有一位向导带我参观颐和园，这让我非常高兴，否则我会错过很多。他告诉我，颐和园是清朝皇帝为他那位专横的母后重新修建的，但这笔钱本来其实是海军的军费。颐和园是一座符号的迷宫，中国人一看便知，西方人却视而不见。各种塔都是八角形的。张博士解释说，这是因为"八"在中国是一个特殊的数字，代表着好运和"老钱"[1]。一个能够得体地应对各色人等的人，被形容为"八面玲珑"(我怀疑张博士就是其中之一)。塔的底座是方形的，象征着大地，而塔顶则是圆形的，或者绘有圆形的图案，代表着天空。

我们沿着一道木长廊漫步，一侧的山上有一座佛塔，另一侧是一座湖。湖光山色，风景怡人。但除了怡人之外，这风景还意味着更多。山代表着(如果现在我的日记还值得相信的话)繁荣，水代表着长寿。二者——山和湖——同时出现，则代表着和谐。当时我不知道的是，在汉语里，"山水"这个词，其实正是二者的简单组合：山和水。

我们来到一座宏伟的建筑前，它被用作图书馆，藏书种类繁多，慈禧太后试图借此来展示皇室的教养。建筑物的正面有一行题字。

"这是……"张博士正要给我翻译，却又犹豫了，"呃，我不

1　old money，指遗产，继承的财富。——译注

知道用英语该怎么说。"

我很吃惊，因为他的英语看上去已经够厉害了。他最终给出的答案，类似于"身处山、水、天之间，人将感受到极度的和谐"，但他显然对这个版本不太满意。

"这种感觉，"他说，"就像这些树被这样种在这里——唤起了一种氛围，或者说一种情感。"是的，尽管一群群中国游客在我们身后摆着姿势拍照，打出从西方学来的、无处不在的、却显然毫无意义的"V"字形手势，但在这轻柔的雨中，感觉的确是这样。

"中国画也是这样，"他继续说道，"它们画的是一种感觉，而不是现实。"我突然意识到，我的这位向导兼东道主，虽然整天都对着显微镜，一心只盼着不要停电，却有着高度发展的审美意识——而这种审美意识，是我的文化和语言所无法给予的。

任何来自中国以外的人，只要开始学习中文，并开始与这种丰富而微妙的文化做斗争，迟早都会意识到，破译汉字和声调只是这场斗争的一小部分。当然，任何两种文化的互相翻译都存在其局限性，但汉字不仅仅是语义符号，它们是中国思想的精华，饱含联想和歧义，随时准备揭示自己在不同上下文中的多层不同含义。这就是为什么在所有情况下都更应该称它们为字，而非词：它们的形式和内容是密不可分的。中国人喜欢引用的"四字成语"，对于外国学生来说，即使能够理解其中每一个字的含义，也会感到困惑。它是一种哲学上的提炼：思想、故事、传说，浓缩到无法逐字翻译。1992年时我不知道，但现在我知道了，为什么张博士难以找到合适的词语来翻译我们在颐和园看到的那句话。对那个湿润午后的回想提醒了我，一个外国人，如果试图解释像水这样的概念在中国文化中意味着什么，注定从一开始就会有各种各样的疏漏。很多细微的差异都会丢失，最为可悲的是，想象力也会丢失。

尽管如此，让我尝试这么做的却正是这样一个事实：我来自一个长期被中国人视为蛮夷之地的遥远地方。我用来支持自己的，是人类学家拉尔夫·林顿(Ralph Linton)说过的一句老掉牙的话："鱼永远看不到水。"虽然这并不能恰当地描述中国人的处境，但正是因为他们比世界上其他任何国家的人都更关注水，并且关注得更为复杂，更有内涵，所以他们可能更难以认识到水是如何深远地影响并定义了中国。而这其实非常明显。

正如张博士在那个夏日雨天向我透露的那样，水，是中国思想最强大的载体之一。与此同时，也是出于同样的原因，水一直是中华文明的关键决定因素之一。它主宰了帝王的命运，塑造了中国哲学的轮廓，并且在中国语言中到处都留下了印记（完全是字面意思）。天通过水向地传达它的审判。水宣告着统治的合法性。出于这些原因，要向长城外的蛮夷传达中央王国是如何特别、伟大、壮美以及偶尔的可怕而疯狂，水是最好的媒介，而中央王国最终也是水之王国。

我希望中国读者能欣赏并享受"外国人"对中国文化这匆匆的一瞥；更希望张博士也能回想起那一天——如果他还在观察显微镜，并且视力还不错的话。对此我将深表感激。

打开中央王国之窗

下面这段话是外国人第一次对中国不同凡响的成就发出惊叹——《马可波罗行纪》(约1300年)：

> 凡关涉此城之事，悉具广大规模。大汗每年征收种种赋税之巨，笔难尽述。其中财富之广，而大汗获利之大，闻此说而未见此事者，必不信其有之。[1]

正如马可·波罗所说，与中国有关的一切，都庞大得超出了外人的想象。如果这在13世纪是真的，也就是说，在这位威尼斯探险家有可能目睹或没有目睹(意见至今仍然存在分歧)元朝中央王国的蒙古皇帝忽必烈汗的宫廷时，这一切都是真的，那么，如今的情况就更是如此了。现在，我们不仅要试着理解这个国家版图的辽阔，人口、地貌和语言的多样，还有文化的古老，更要理解其对于全球经济和政治地位的视野和雄心。今天，有数不胜数的书籍试图揭示"中国是如何运行的"或者"中国的未来在哪里"，但任何熟悉这个国家的人都会承认，即便是中国人，其实也不了解这些。你能得到什么答案，取决于你问的是谁——在中国向来如此。

但《水：中国文化的地理密码》的目标与它们不同。通过探

---

[1] 引自《马可波罗行纪》，冯承钧译本。——译注

索中国历史文化的漩涡和激流中最为持久、最为重要,同时也最具启发性的主题之一——水的角色,《水:中国文化的地理密码》试图展示这个国家的哲学、历史、政治、管理、经济和艺术是如何与水紧密相连,达到了世界上其他任何地方都无法比拟的程度。出于这个原因,并不是说一旦认识到了水的角色,我们就可以轻易理解中国文化的所有这些方面。相反,我们必须得出这样的结论:只有理解了它们与水的联系,才不会觉得它们是那么怪异、含混而陌生。

《水:中国文化的地理密码》这段贯穿中国过去与现在的宏大旅程,就这样打开了一扇窗。通过它,人们可以开始了解这个国家及其人民潜在的极度复杂性和充沛的能量。水是打开中国历史和思想宝库的钥匙。人们在很大程度上可以通过水这一媒介来讲述这个国家的政治史和经济史。事实上,历史学家冀朝鼎[1]在他1936年出版的《中国历史上的基本经济区与水利事业的发展》一书中就是这样做的。这本书的名字说明了一切。冀朝鼎认为,在封建时代的中国,基本经济区的转移取决于国家出于农业和军事运输目的而对水道进行的开发,包括天然的和人工的。

当然,这种方法有其局限性和盲点。有人可能会说,政治权力、社会稳定和文化归属感更多植根于大地而非水:毕竟,水最终只是一种工具,它的用途是种植和运输中国长期以来赖以生存的农作物。但水对于农业、交通和社会稳定的重要性,使其成了政治权力的核心要素,并塑造了这个国家的治理方式。水在今

---

1 冀朝鼎(1903—1963):山西汾阳人,经济学家,哥伦比亚大学博士。——译注

天带来的许多挑战,与它给古代的汉族皇帝们带去的挑战如出一辙——事实上,政府现在发现,水是调用历史遗产的有效工具。水为维护和阐明政治合法性提供了一种在中国得到普遍理解的语言,自古以来一直以水利工程的形式进行表达,而这些工程的规模之大,是地球上其他任何国家都无法设想的。

所有这些都只介绍了中国与水的关系的一个方面,即国家权力的水利和水文基础。然而,虽然水是统治者的主要象征,但它对普通人来说也有着深远的意义。中国人与水之间普遍而矛盾的关系,使水成为哲学思想和艺术表达有力而多样的隐喻。而且它不仅仅是隐喻。因为人们的日常生活一直依赖于水,河流和运河调节着他们与国家的关系。水——过多或过少——都会刺激人们起来推翻他们的政府和皇帝。如今,经济的蓬勃发展给中国的水道和湖泊的完整性带来了前所未有的压力,有时甚至威胁到它们的存在。毋庸置疑,中国的领导者不能忽视这一经济增长的潜在障碍。

要讲述这个故事,《水:中国文化的地理密码》必须提供一种不同于《马可波罗行纪》的旅程。《马可波罗行纪》把中国描述为一个大得令人困惑的陌生之地,这至今仍是许多西方文本的基调。而《水:中国文化的地理密码》中的向导则通常是中国的旅行者、探险家、诗人、画家、哲学家、官员,他们自己也在努力接受,生活在这样一个由水塑造、被水渗透的世界,究竟意味着什么。水在中国文化中非常重要,你不必相信我这句话,还是听他们说吧。

目录

▶第一章

大河

长江与黄河：
中国地理的两道主轴 / 14

● Chapter 1
The Great Rivers

Yangtze and Yellow:
The Axes of China's
Geography / 14

▶第二章

在水之外

古代中国的神话与起源 / 52

● Chapter 2
Out of the Water

The Myths and Origins of
Ancient China / 52

▶第三章

寻"道"

作为道家和儒家
思想之源头与隐喻的水 / 78

● Chapter 3
Finding the Way

Water as Source and
Metaphor in Daoism and
Confucianism / 78

▶第四章

权力的渠道

水道如何塑造了
中国的政治景观 / 114

●Chapter 4
Channels of Power

How China's Waterways Shaped
its Political Landscape / 114

▶第五章

郑和下西洋

中国如何探索世界 / 148

● Chapter 5
Voyages of the Eunuch Admiral

How China Explored the World / 148

▶第六章

水利国家的兴衰

官僚治水 / 182

● Chapter 6
Rise and Fall of the Hydraulic State

Taming the Waters by Bureaucracy / 182

▶第七章

水上战争

作为冲突场地及工具的河流与湖泊 / 216

● Chapter 7
War on the Waters

Rivers and Lakes as Sites and Instruments of Conflict / 216

▶第八章

流畅的表达艺术

水对中国绘画及文学的影响 / 250

● Chapter 8
The Fluid Art of Expression

How Water Infuses Chinese Painting and Literature / 250

▶第九章

水与中国的未来

威胁与承诺 / 284

● Chapter 9
Water and China's Future

Threats and Promises / 284

▶ 参考文献 / 296

● Bibliography / 296

第一章

大河

长江与黄河：

中国地理的两道主轴

Chapter 1

The Great Rivers

Yangtze and Yellow:
The Axes of China's
Geography

长江浩浩蛟龙渊,

浪花正白蹴半天。

陆游

1125—1210

《估客乐》

白日依山尽,

黄河入海流。

欲穷千里目,

更上一层楼。

王之涣

688—742

《登鹳雀楼》

当孔子(前551年—前479年)说水"其万折也必东"[1]时,他似乎是在暗示,水向东流是一条自然法则,甚至可以说是一条道德准则。这最为清晰地展示了一种文化的地形地貌是如何影响其世界观的。世界的本来面目正是如此,那些从未踏出过中国一步的人,为什么要怀疑这一点呢?

在中国,东西的对称性被地形构造的力量打破了。西部是山脉,印度－澳大利亚板块在这里碰撞并插入欧亚大陆板块之下,导致了世界屋脊青藏高原的隆起。东面是大海:不过台湾岛和日本挡住了通往浩瀚太平洋的道路。世界的流动、牵引和倾斜,是从山到水的。

这正是曾经支配着中国地形意识的那些伟大水道的流向。明代学者、探险家徐霞客(1587—1641)曾写道:"大丈夫当朝碧海而暮苍梧。"[2]令西方观察者(尤其是在面对中国地图时)感到困惑的是,中国人天生的大脑指南针不是南北向的,而是东西向的。中国人表达和想象空间的方式与西方人大不相同。

中国所有的大河都是东西向的。其中有两条尤为特别:长江和黄河。它们是这个国家的象征,也是其命运的关键。这两条伟大的水道为中国对自身的理解指引了方向,并且为中国文化与贸易的社会、经济和地理组织提供了很多解释。孔子和老子曾在水畔思索,李白和杜甫这样的诗人曾在水畔寻找灵感以

---

1 引自《荀子·宥坐》。——译注

2 这是徐霞客少年时期立下的志向,意为男儿当志在四方。其中苍梧所指至今尚有争议,而本书作者认为是指苍梧山,即今九嶷山,位于湖南省南部。那么,从"碧海"到"苍梧"即从东到西。——译注

寄愁思，画家们曾在水的多种情绪中识别出一种政论式的语言，很多关键战役曾在水畔打响，而从秦始皇到毛泽东及其继任者，中国的统治者们也都曾在水畔展示他们的权威。这里是生活发生的地方，关于中国，如果不从一条河开始，那么真的没有太多可说的。

▶溯源

大河激起了中国人探索和了解世界的最初冲动。早在12世纪以前，人们就在石头上刻下了《禹迹图》[1]，这表明中国的制图学远远领先于基督教世界或古希腊。在中世纪的欧洲地图上，河流被绘成带状，像蛇的尾巴一样，从海岸向内陆随意地摆动。然而《禹迹图》则几乎堪与维多利亚时代测量员的作品相比。它用一种看上去非常现代化的网格计量尺寸，非常忠实地绘制了中国已知的范围。河网在图上纵横交错，其中以黄河和长江尤为明显。这些便是征服了滔天洪水的禹帝，中国首位伟大的治水英雄，给水所划定的"轨迹"[2]。

1　《禹迹图》绘刻于宋代，是中国现存最早的石刻地图之一。——译注
2　据信《禹迹图》是根据《尚书·禹贡》所绘，《禹贡》是战国时魏国人士托大禹之名所做的国家治理方案，对山脉河流等自然人文地理都有详细论述。——译注

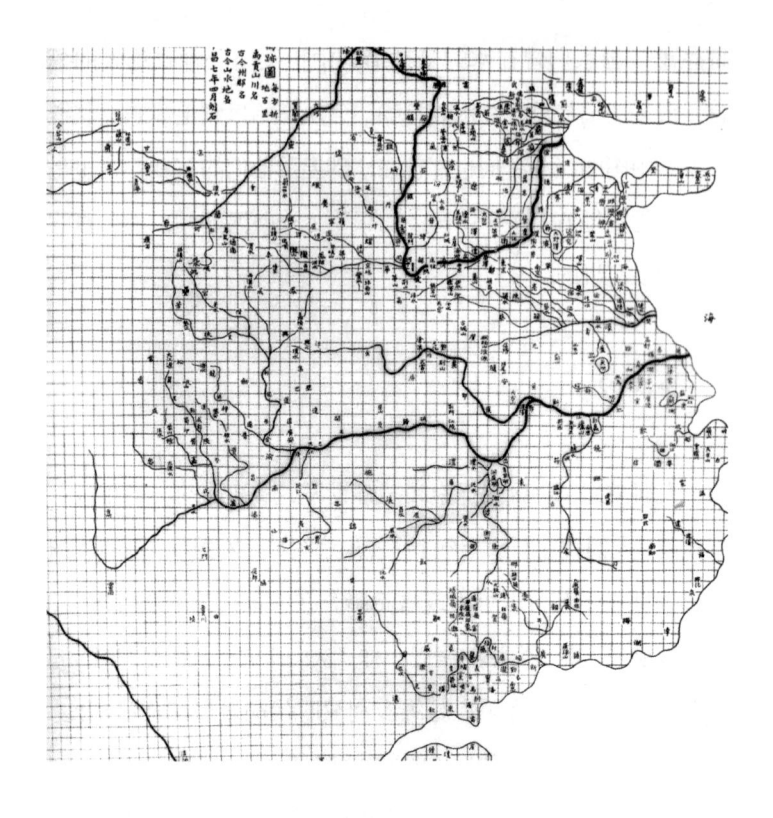

《禹迹图》是中国现存最早的石刻地图之一，刻于1136年。该图长宽各一米多，采用方格网的绘制方法，描绘了传说中夏王朝大禹统治时期境内的贡品运输情况。

中国一直对自己的河流感兴趣——有人会说是痴迷。《水经》是水文地理方面的经典文本，传统上认为是汉代的桑钦所著，不过后来的学者认为它成书于3世纪至4世纪（即晋朝）。我们不知道它写了什么，因为它已经失传了，但学者郦道元（472—527）在它的基础上撰写了一部《水经注》，长达40卷，列举了1200多条河流。

对这些大河源头充满热情的探寻贯穿了整个中国历史，这似乎让一种怀疑呼之欲出：大河源头的发现，将揭开中国自身的神秘源头，即这个国家的精神或所谓"气"的源头。关于黄河的源头，最迟在7世纪至10世纪的唐代就开始了争论。元代的忽必烈汗曾在1280年派出一支探险队，希望能搞清楚这个问题。然而，直到7个世纪之后，当中国探险学会宣称黄河发源于遥远的青海省巴颜喀拉山脉中清澈而冰冷的扎陵湖和鄂陵湖时，这一点仍在争论之中。

长江的源头至今仍有争议。20世纪70年代，一支科考队说它起源于青海省的沱沱河，但几年后又说它的源头是当曲。这在一定程度上是一个语义上的定义问题，但由于其太过重要，以至于主角们无法容忍任何妥协。成书于战国时代的《禹贡》给出的传统答案是：长江始于四川的岷江。但在明代，反传统的徐霞客却提出了不同的观点。他发现，在四川境内与岷江交汇的金沙江起点要远得多：足足回溯2000公里，深入青海高原的荒野。金沙江源于通天河，而通天河又可以追溯到青海境内的多条河流，它们从那片荒凉高原上的冰川湖中流出，一直在争夺长江本源的称号。

没有人比徐霞客更能体现中国人对大河的热爱。三十年间，他踏遍荒远之地，冒着被抢劫、患病、饥饿等各种各样的危险。当时的一段记述这样写道：

其行也，从一奴或一僧、一仗、一襆被，不治装，不裹粮；能忍饥数日，能遇食即饱，能徒步走数百里，凌绝壁，冒丛箐，扳援下上，悬度缒汲，捷如青猿，健如黄犊，以茇岩为床席，以溪涧为饮沐，以山魅、木客、王孙、貜父为伴侣，儦儦粥粥，口不能道；时与之论山经，辨水脉，搜讨形胜，则划然心开。[1]

他从水走到了山：除此之外，头脑不再需要其他任何滋养之物。徐霞客认为，在这样的旅途中，人不应该像战士一样行军，而应该像诗人一样漫步。

徐霞客身上混合了儒家的清正与道家的率性和幻想。他出生在上海西北方向的长江三角洲城市江阴。大部分旅程中，仆人顾行都陪伴在他身侧。二人经常要靠当地寺院的施舍来获得食物和住所。在这种情况下，徐霞客可能会为寺院写史来作为回报。有一次，他们在湖南的湘江岸上遭到盗匪的袭击，虽然被洗劫一空，却幸运地保住了性命。或许，我们可以原谅吃尽苦头的顾行最终抢劫并抛下了主人。

徐霞客曾前往大雪覆盖的四川和严酷而危险的西藏，那里河流结冰的速度非常快，四下游荡的牲畜会被困在冰里死去。他还深入潮湿的云南丛林深处，确定了湄公河（中国称澜沧江）、萨尔温江（怒江）和红河从始至终都是独立的实体，那里当时还是一个陌生而神秘的蛮荒之地。不过，尽管他孜孜不倦地记录下了各

1　引自明末清初文学家钱谦益所著《徐霞客传》。——译注

地的地理和矿物情况，但他的游记简直不成体系：在某种程度上，他是在毫无计划及目的地游荡。

然而，他仍然称得上是一位地理学家。他的调查方法确实比较粗糙，却摒弃了此前为自然现象提供解释的各种迷信之说。研究中国科技的学者李约瑟[1]（Joseph Needham）说，徐霞客的笔记"读起来更像20世纪的实地调查员而非17世纪的学者写的"。和欧洲的同时代者一样，他更愿用亲身经历去证明，而不愿接受传统的权威，为此，他已做好饱受指责的准备。自汉代以来，一直有人在私下说，长江真正的源头并非传统认为的岷江，而是从青海的昆仑山中流出的金沙江，但是徐霞客是第一个敢于公开声明这一观点的人。这让他受到了公众的鄙夷。

中国古代对于河流及其他水系的学术研究表明，不仅在制图学上，而且在对于自然现象的理解上，中国的理论与实践都远远领先于西方。《山海经》（可能写于战国时期）将潮汐的形成归因于海洋中庞大怪兽的来来往往，而在1世纪，汉代学者王充则认为，潮汐与月球有关。他写道："涛之起也，随月盛衰，大小满损不齐同。"[2] 比起当时相当迷信的道家思想和刻板的儒家思想，王充更倾向于对世界进行理性主义的解释，而他所进行的气象和天文观测都极其精准。他描述了水循环的本质（虽然他将月球和水之间的联系引申到了月球对降雨的影响）："夫云则雨，雨则云矣。初出为云，云

---

1 李约瑟（1900—1995）：英国学者，著有《中国科学技术史》等作品。——译注
2 引自东汉王充《论衡》。——译注

繁为雨。犹甚而泥露濡污衣服……"[1]

王充发现了河水与血液之间的对应关系。列奥纳多·达·芬奇曾在近一千五百年后注意到了同样的关系。王充写道：

夫地之有百川也，犹人之有血脉也。血脉流行，泛扬动静，自有节度。百川亦然，其朝夕往来，犹人之呼吸气出入也。[2]

正如许多科学史学家所指出的那样，这些信念的价值并不在于它们的正确性，而在于它们能够激发学者进一步观察，并以自然主义的方式去解释世界。水道的重要性为这类推测创造了必要条件，正如水道推动了测量记录技术和体系的发展，比如，这样便可以在疏浚作业期间确定水位。如果说中国的制图学从汉代到明代得到了长足的进步，那么部分原因正是对水资源管理的重视。

▶黄河

黄河，中国的"母亲河"，它从高山湖泊一路流入黄海，实在是一段奇妙的旅程。黄河从西部高原倾泻而下，绕过甘肃省的兰州市之后，突然一改向东的势头，转身向北，进入内蒙古；

---

[1] 引自东汉王充《论衡》。——译注
[2] 同上。——译注

然后它又拐了一个弯，并沿着陕西和山西的边界调头向南；其后，随着泥沙淤积，水流变缓，河道落差变小，它在陕西与河南交界附近与渭河交汇，同时向东急转，朝东北方向穿过华北平原，流经河南和山东，最终注入大海。5464公里的旅程使黄河成为世界第五长的河流。与亚马孙河或密西西比河相比，黄河的水量并不算多，但是，旱季和雨季（6月至9月）的差别很大。这是黄河之所以难以治理的部分原因——不过关键的问题还是淤泥。

正是在宁夏、陕西和山西贫瘠而崎岖的土地上，这条河有了它的颜色。这一地区是一片广阔的高原，松散的沙质土壤被风从蒙古北部的戈壁沙漠吹到这里，厚达几百米。这种土壤是粉状的，基本没有砂石，所以一捻就会碎成一片赭色的污迹。这就是中国著名的"黄土"。黄土很容易被侵蚀，风把它吹成遮天蔽日的云，一直向东吹到北京。几个世纪以来，沙尘暴一直侵袭着这座都城，把所有东西——房子、树木、动物、人——都染成了黄色，后来西北地区的沙漠化令情况更加严峻。

这条大河在这片土地上镂刻下了它的轨迹，同时将泥沙带走。黄河水中的固体密度，比世界上许多河流都要高。从每千克黄河水中，你可以提取多达300克的沉积物。事实上，黄河水基本等同于泥浆。当黄河在流经陕西、山西和河南之后再次向东流去时，它呈现的是一种金红色。

这些沉积物赋予了黄河天然的两面，它滋养着这个国家，也破坏着这个国家。饱含黄土的黄河水在其中下游的华北平原沉积了肥沃的土壤，那里有大片的田地，种植着小麦、高粱、小米、玉米和番薯，后两种作物都是从美洲引进的。中国一半的小麦、三分之一的玉米和棉花都产自这里。在这片平原上，生活着这个国家四分之一的人口，有估算称，仰赖这里肥沃的冲积土壤，从古至今，已有超过一万亿人在这里生活和死亡。这里曾发现公元前8000年左右的农业村庄考古遗址，小米就是在那个时候开始在中国被人工种植的。

两千多年来，这条河上一直在修建各种水利工程，因此两岸的农田也越来越多产。这里的灌溉最迟可以追溯到公元前5世纪的战国时期，当时封建制度刚刚开始出现。人类学家贾雷德·戴蒙德[1]（Jared Diamond）认为农业是"人类历史上最严重的错误"，虽然这被认为是一个反事实历史[2]的观点，但黄河正是支持它的绝佳案例。流域的故事，是一个人类文明与大自然相互作用的故事，在不断增加风险的同时，也创造出一个规模巨大但又危险而脆弱的人工生态系统：这一景观几乎完全是由人类的力量所塑造的，但在大自然的心血来潮面前，它不堪一击。

因为虽然大多数主要河流都容易发生洪水，但黄河流域的洪水规模极大，又难以根除。随着黄河东流，一些沉积物沉淀在河床上，使河床升高。到了夏季，随着雨水和水源融雪的到来，洪水季开始了，河水泛滥的可能性越来越大。为了抵御洪水，上千年来中国人一直在黄河两岸修建堤坝：巨大的泥墙，用

1　贾雷德·戴蒙德：出生于1937年，美国科学家、作家，代表作有《枪炮、病菌与钢铁》等。——译注

2　counterfactual histories，与事实相反的历史。——译注

一袋袋石头、一条条芦苇垫和一团团植被加固。但是这种防洪手段是不可持续的。随着河床升高，堤坝也一点点升高，最后，黄河好像是在沿着一条半天然的引水渠流动，而这条引水渠比它周围的洪泛平原要高出15米。当堤坝决口时——它最终总是会决口的——结果将更具灾难性。多年来艰难建造和维护的几千米长的堤坝，可能在几个小时之内就会被冲垮。河水汇集成巨大的湖泊和内海。当水流改道时，流速减慢，泥沙沉积速度加快，堵塞了旧的河床，河流将很难回到原来的河道。

然而，正是因为黄河肥沃的沉积物，这片洪泛平原才对农民如此具有吸引力。不断积聚的农业人口持续面临着灾难的威胁，与此同时，集约化农业则加剧了这一危险。对耕地的需求，以及对用作燃料和建筑材料的木材的需求，导致曾经覆盖黄土高原的森林已被砍伐一空。这里的森林覆盖面积在过去的4000年中已经从土地面积的超过50%下降到只有8%，如今那遍布沟壑、荒凉而贫瘠的不毛之地，在很大程度上是人类活动的结果。少了森林树冠层和根系的保护，裸露的土壤更容易被雨水侵蚀，这不仅破坏了农田，也增加了河流的泥沙负荷，使得泥沙淤积问题更加严重。

早在两千年前的秦汉时期，人们就已经感受到了土地开垦造成的影响，一些古代文献对滥伐森林进行了谴责。在唐代，帝国不断扩张领土，同时为了防御外敌入侵，还维持着一支大规模的军队。为了给军队提供粮食，农业开始集约化，从而使砍伐森林的问题变得更加严峻。正是在唐代，这条河流中的沉积物帮它赢得了"黄河"这个名字。

　　日益严重的水土流失使河道变得更加曲折，因此农民永远无法确定他们的土地能存在多久。此外，当时的气候相对干燥，这也增加了灌溉的压力。灌溉始终都没有产生真正的效果：田里被简单地灌满了水，这意味着土壤深处的矿物盐被溶解并被带到地表，当水蒸发时，它们开始累积，从而出现了产量极低的盐碱地。（这种盐碱化过程至今仍是过度灌溉的一个全球性后遗症。）森林被砍伐一空的土地有时会被过度耕种，很快便耗尽了养分，于是人们遗弃它们，再去开垦更多的土地。就这样，曾经的农田变成了荒地，最后变成了沙漠。随着黄土的暴露，河道开始变宽，它切割并移动沙质沉积物，造就了蔚为大观的峡谷和沟壑地形，这使今天的陕西变得举世闻名。美国记者埃德加·斯诺（Edgar Snow）曾在20世纪30年代对这些地貌进行过令人惊叹的描述：

　　这在景色上造成了变化无穷的奇特、森严的形象——有的山丘像巨大的城堡……有的像被巨手撕裂的冈峦，上面还留着粗暴的指痕。那些奇形怪状、不可思议，有时甚至吓人的形象，好像是个疯神捏就的世界——有时却又是个超现实主义的奇美的世界。[1]

1　引自埃德加·斯诺《西行漫记》，胡愈之译本。——译注

自古以来，黄河流域不断遭受超乎想象的洪水灾害。正如汉代史学家司马迁所言："甚哉，水之为利害也。"[1]直到近代，黄河仍旧平均每三年就有两次决堤。1917年的大洪水留下了一个颇具象征性的鲜明意象：洪水从挖得不够深的坟茔中冲出了木制的棺材，并带着它们漂浮了好几公里。

在早期中国史学中，黄河被称为中华文明的摇篮，它的心情与民族的命运息息相关。位于三门峡的黄河大坝——就建在黄河最后一个转弯处——是在黄河下游进行的最早的现代防洪尝试之一。大坝上的题词展示着一种乐观的视角："黄河安澜，国泰民安。"据说这是传说中的治水英雄禹所讲的话。而其言外之意则是，如果黄河不安澜，那么这个国家便得不到和平。中国的"母亲河"，也曾是中国的悲伤。

在古代，有无数其他的绰号可以证明这条河桀骜不驯的本性，比如"害河"和"中华之忧患"。若干次灾难性的洪水重新绘制了中国地图。在冲破堤岸之后，黄河可能再也找不到重回旧道之路：一场大洪水造就的内海，会冲出一条通往海岸的新河道。自公元前600年以来，黄河已经发生了几十次这样的变迁，其中有八次可以归为"大变迁"。这意味着，注入海洋的河流可能离它先前的位置有几百公里远。

1　引自司马迁《史记·河渠书》。——译注

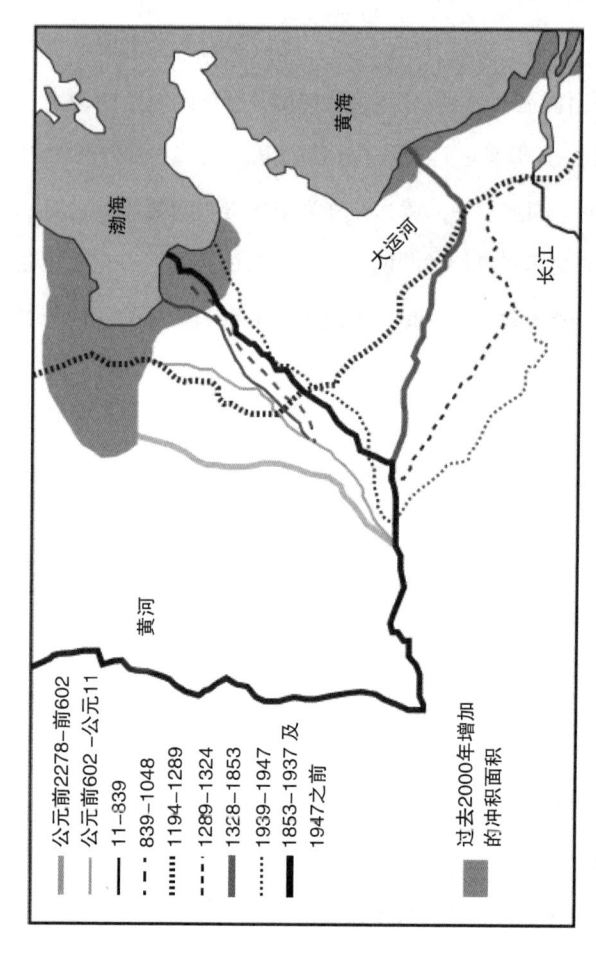

黄河由于多沙善淤，变迁无常，改道十分频繁。图为过去2000年黄河河道的几次大变迁。

图例：
- 公元前2278–前602
- 公元前602–公元11
- 11–839
- 839–1048
- 1194–1289
- 1289–1324
- 1328–1853
- 1939–1947
- 1853–1937 及 1947之前
- 过去2000年增加的冲积面积

地名：黄河、渤海、黄海、大运河、长江

在古代中国，黄河洪泛平原的生活与其说是风雨飘摇，不如说是在劫难逃。很难想象一个人该如何经常性地忍受这样的灾难，更不用说几百万人了。毁灭性的洪水基本每隔一年就会发生一次。即便到了19世纪晚期，其恐怖仍然超乎想象：1887年秋天的一次决口形成了一座面积达26000平方公里的湖泊，在北方的寒冬逼近之际，将百姓困在了屋顶上。有100万至250万人或死于溺水，或死于其后的饥荒，或死于伤寒等传染病，或死于衣不蔽体的寒冷。黄河堤坝上的豁口直到1889年年初才被堵住。

造成这些问题的沉积物，是黄河在向北绕行的过程中带来的。其后果之严重，导致早在公元前1世纪，皇帝就在考虑是否要彻底避开这一绕行——开凿一条东西走向的水渠，将那两个相距500公里的河湾直接连在一起。很难想象，当时怎么会有人认为这是可行的。但是，提出这一大胆建议的汉代官员延年认为，这样一来，不仅可以减少泥沙含量，使河流更容易被控制，而且可以提供一道更好的屏障来防范蒙古高原的匈奴入侵。皇帝否决了这个提议，并非因为它不切实际，而是因为改变禹所划定的河道似乎是对禹的一种亵渎。皇帝说，禹划定的河道，"为万世功"[1]。

1　见班固《汉书·沟洫志》。——译注

▶长江

在用英语讨论长江时，人们叫它"扬子江"(Yangtze)。扬子江其实只是一个地域性的名字，来源于古老的、如今几乎已被遗忘的"扬子津"[1]。严格地讲，"扬子江"只适用于称呼长江最后的300多公里。但对于第一批来到中国的西方旅行者来说，它就是整个"长江"，因为他们很少会溯流而上。

这条河的每一段都有一个地域性的名字，但是中国人不使用这些名字。从地理上、气候上和文化上把中国一分为二的这一整条大河，被统称为"长江"。它是中国最长的河流，全长6300余公里，一路从源头的冰川湖流到上海北侧的海边大三角洲，冲积物在那里流入大海，使中国广袤的国土面积不断增大。

作家西蒙·温彻斯特[2](Simon Winchester)表示："简直无法想象，如果中国的腹地没有这样一股洪流，情形将会怎样。"这样一种说法其实仍旧低估了长江的重要性。没有长江，中国就不会是今天的中国。这条河一次又一次地决定了这个国家的命运。它是阻挡蛮族征服的屏障，也是一张交通网络；它是外敌入侵的渠道，也是丰饶、洪水和革命热情的源泉。中国历史上的许多关键战役都发生在长江中游。这里是元末明初创作的经典作

---

1   原著中说"扬子江"一名的来源是"扬的封地"(fiefdom of Yang)，但此说法未见诸中文史料，所以此处译为国内意见相对统一的"扬子津"，指与长江毗邻的一座小镇。——译注

2   西蒙·温彻斯特：出生于1944年，英国著名作家、记者。曾任《卫报》及《星期日泰晤士报》海外特派员，并为《纽约时报》《国家地理杂志》及BBC等媒体撰稿，现居美国，代表作有《教授与疯子》等。——译注

品《三国演义》的背景舞台,而这本书是毛泽东最喜爱的书籍之一。据《三国演义》所述,这条河上曾发生过史上规模最大的水战。19世纪中叶英国的炮艇使清朝皇帝蒙羞时,以及20世纪30年代日本人入侵时,这条河都是征服和统治的动脉。当时,日本人沿着长江从上海稳步向上游推进至南京,然后再到武汉,迫使蒋介石的国民党退守三峡,把政府迁到了重庆。

中国被长江分为两半,而这两半看上去简直就像两个独立的国度。北方又冷又干,南方又热又湿。在北方,人们吃的是面条;在南方吃的则是米饭。北方人身材高大,性格高傲,东北人和西北人都是如此。南方人脚踏实地,求真务实,少数民族众多,讲着相互无法理解的方言。这种由自然决定、由长江守望的分割,造成了这个国家最典型的紧张。那便是,面对最基本的资源——水——的这种不平等,统一该如何维持下去。当然,所有这些对立都不能公正地反映中国令人困惑的多样性,但它们可以粗略地概括出你一跨过长江就会发现的差异。

长江给其两岸带来了肥沃的农田,但同样也带来了巨大的洪水。对于它的功过参半,中国人再一次归因于大禹。长江发源之时,本是一路向南,它与澜沧江和怒江并行,三股洪流像巨大的剑击,从西藏和云南的山区奔腾而下,迅速流出中国。然而很快,在云南一个叫作石鼓的地方,长江告别另外两条大江,拐了一个超级大的弯,看起来像是为了向后急转而在一座名叫云岭的不起眼小山上弹了一下,然后它扭头向东,横穿这个国家,最后注入了东海。传说是禹把云岭放在那里的;除了他,为中国这条中央大动脉划定路线的任务,没有其他传奇人物可以托付。

在四川省,数条从青藏高原向南奔腾的支流,尤其是岷江、雅砻江、大渡河、涪江和嘉陵江使长江的水位不断上升。[1]在穿过人群熙攘、地势陡峭的重庆之前,与源头相比,长江的海拔高度已经下降了90%。重庆是热闹中国的缩影(有人说,这里是禹的出生地)。然后,长江蜿蜒穿过湖北,到达了武汉这个喧嚣的港口。武汉由武昌、汉口和汉阳组合而成,长江在这里与汉江交汇。这里是中国中部的政治和经济中心,武昌起义从这里开始,结束了清帝国的统治,建立了中华民国。之后,这条河流庄严地穿过位于东部平原的安徽和江苏,穿过南方大都市南京,然后穿过上海,注入东海。

在民国初期,中国一直利用黄河来积极构建自己的国家身份神话,而在今天,则是长江定义了中国的自我形象。从长江的源头航行到大海,就是在沿着历史的潮流航行。在上游的青藏高原,你会发现人们过着相对简朴的生活;而上海,位于长江入海口的黄浦江畔十里洋场,则展示着急迫的、自信的、几乎不可阻挡的现代中国的精神。一路上,你会发现中国最为壮观的一些景致,不可思议的(颇具争议的)水利工程壮举,最大的湖泊,古城如荆州、扬州和南京,衰败而毫无生气

---

1 人们常说四川得名于这些支流中的四条,因为四川的意思就是"四条河流",但这并不完全正确。"川"的确意味着"河",但这个省份的名字其实是"川峡四路"的缩写,意思是"掌管河流和峡谷的四路",这里的"路"指的是宋代的行政区划"路"。——原书注

的工业城市，依旧带着殖民主义痕迹的喧嚣港口，一些关键战役发生的地点。这里有浸在河水中深及膝盖的稻田，有诗人坐在那里编织过关于水之隐喻的亭台楼阁，有神秘的山峦和喷涌着污物的工厂。虽然在可通航的水域始终开展着繁忙的商业活动，但这不能完全抹杀12世纪的宋朝官员陆游在其文章中所赞颂过的美：

> 凡江中独山，如金山、焦山、落星之类，皆名天下，然峭拔秀丽皆不可与小孤比。
>
> 自数十里外望之，碧峰巉然孤起，上干云霄，已非它山可拟，愈近愈秀，冬夏晴雨，姿态万变，信造化之尤物也。[1]

从某种程度上说，自从陆游对长江沿岸的生活进行描绘开始，直到今天，那里变化不大："卖菱芡莲藕"的众"水浒小儿"[2]仍在那里，不过如今他们卖的可能是假冒品牌商品和盗版DVD。

在长江下游，一座座村庄曾经漂浮在水面上。陆游这样描述它们：

> 抛大江，遇一木筏，广十余丈，长五十余丈。上有

1　引自陆游《入蜀记》。——译注
2　见陆游《入蜀记》。——译注

三四十家，妻子鸡犬臼碓皆具，中为阡陌相往来，亦有神祠，素所未睹也。舟人云，此尚其小者耳，大者于筏上铺土作蔬圃，或作酒肆……[1]

这种漂浮的村庄直到20世纪中期都很常见。

不管作家和艺术家怎样将其浪漫化，长江之所以是中华民族最适合的象征，主要是因为它是一条贸易通衢。如今，中国超过四分之三的大米是在长江下游的稻田里种植的。几个世纪以来，把这些粮食运到北方的权力中心，始终是皇帝治理国家的重中之重。19世纪殖民者之间争斗的焦点是对长江港口的控制，而长江上不断兴建的水利工程，则一直在向西推进通航的极限。早在汉代，司马迁就把长江下游称为"鱼米之乡"。长江对中国鱼类生产的贡献此前曾达到50%，后来污染和鱼类资源锐减（商业捕鱼现在受到高度管制）使这一比例有所降低。长江下游也是丝绸生产的重要地区，这里的丝绸通过东海上的船只，而非通过北方丝绸之路上的商队，向东进入广阔的世界。

长江塑造着中国。这里的"塑造"，是字面意义上的塑造。它每年要运送五亿吨冲积淤泥——当然远远无法与黄河相比，但是随着沉积物在三角洲滞留下来，已足以将海岸线每七十年向外推进一公里左右，这令宁波和杭州这两座曾经是

---

[1] 引自陆游《入蜀记》。——译注

港口的城市如今已离海几十公里远。勇敢的英国维多利亚时代探险家伊莎贝拉·伯德[1](Isabella Bird)对长江每年的沉积物含量做出了一个无比精确的估算——182,044,996立方米,还详细地描述了使黄海变黄的这些物质:"很少有人涉足的中亚山脉上肥沃的沙土,四川'红色盆地'的红土壤,以及中国中部省份的灰色和黄色冲积土。"1905年,欧洲殖民者击败当时已奄奄一息的清帝国,疏浚了长江入海口的大沙洲,打开了事实上的通往上海之路。从此,上海成为西方商人的游乐场,直到日本入侵,灾难降临上海以及整个中国。

长江非常善于安排自己造成的灾难。它的洪水的破坏性并不比黄河小,发生的频率也不比黄河低。1931年,在下了一个夏天的特大暴雨之后,据信长江的洪水造成了多达400万人死亡,淹没面积几乎与英国国土面积相当。英国人威廉·珀西瓦尔[2](William Percival)描述了发生在1887年的另一场大洪水,真实再现了当地人所面临的可怕情景。他写道:

> 巨浪滔天,沿江袭来,裹挟着舢板、船只、房屋、树木、牛羊,当然还有人,但我不敢说出具体的数目。一切都混杂在一起,难解难分……房子漂了过去,上面挂着人,还有一些人吊在树枝上,河里到处漂着人的尸体和牛的尸体。一切

---

1 伊莎贝拉·伯德(1831—1904):英国探险家、作家、博物学家,后文引自其著作《长江流域及其外》。——译注

2 威廉·珀西瓦尔:英国作家,生平不详,曾在中国生活20余年,著有多部关于中国的作品,后文引自其1889年出版于伦敦的作品《龙的土地》。

没有被淹死的东西，一切活着的东西，人和动物，都在呼喊、咆哮、尖叫。所有这一切，加上房屋的碾磨声和撞击声、汹涌的水声、呼啸的风声、刷刷的雨声，一片混乱。我真希望永远不要再见到这样的场面。

近几十年来，黄河的洪水似乎已经得到了一定程度的控制，但长江的洪水仍然是致命的。20世纪80年代和90年代都发生过洪水；1991年，一场特别严重的洪灾影响了2.3亿人。1998年，长江再次发生洪灾，造成约3500人死亡，经济损失达近200亿美元。人类活动似乎加剧了洪灾的风险。填湖和沿河开垦缩小了原本可以用来贮存洪水的天然水库。而自20世纪50年代以来，川西地区为了获取木材而大量砍伐森林，加剧了长江上游的水土流失，抬高了中游的河床。这让人们不禁推测，长江的含沙量可能会高到堪与黄河匹敌。

诺贝尔文学奖获得者赛珍珠曾记录下了20世纪初期的中国。她证明，在一次大洪水期间，"我站在距离长江本来有几英里远的南京紫金山上，此时的紫金山，已经变成一座巨大的岛屿。长江黄色的浪涛拍打着山脚，农舍和田野都被淹没在50英尺深的水下。"

"没有其他河流像它这样，"她补充道，"既美丽又残忍。"

▶化作石头的神女

长江最著名的一段位于其中游，重庆和宜昌之间。在这里，江水涌过三峡：西陵峡、巫峡和瞿塘峡。湍急的洪流夹在石灰岩峭壁之间倾泻而下，绵延约200公里，其间仅偶有波平浪静。在这里，长江因其美丽与险恶而成为传奇。如今，从崖顶到水面的距离比过去近了一点，河道也宽了一点，因为长江已经变成一座狭长的水库，被挡在雄伟的三峡大坝后面。

长江的这一段也是最具神话色彩的地方，每一块岩石、每一座山，"之所以在这里，都有其可以解释的原因"。它们每一个的背后都有一个名字和一个故事，通常能够合理地解释它们存在和成形的原因。总的来说，这些故事讲的是善良的神、半人半神或英雄，与狂暴而混乱的大自然进行的大战。在这些故事里，大自然通常被人格化为一条龙（就像河流本身一样）。它们是关于驯服的传说，是关于从水系和自然的蛮荒中创造秩序的传说。与许多神话类似，它们使讲述者可以去梦想有可能发生的事情，即便那超出了他们的能力范围。

巫峡险峻陡峭，就算在夏天，阳光也只能短暂地直射水面。峡口有十二座山峰，传说那是神女瑶姬和她的姐姐们。

当年，有十二条巨龙在当地作恶多端。瑶姬和她的姐姐们经过一番苦战终于将其战胜。然而，死去的巨龙变成巨大的岩石，堵塞了长江，造成了一场大洪水。

这时，治水英雄禹赶来了。起初，他被眼前的情景惊呆了，但瑶姬使他绝望的叹息声平静了下来。瑶姬命雷电劈开岩石，排干洪水，并和姐姐们一起，帮禹在巫山附近凿出一条穿过巫山的河道。瞿塘峡是一个更大的挑战，因为在峡谷东端一条名叫黛溪的小支流里，一条玉龙正在为非作歹。它在走亲访友时迷了路（即使是龙，在中国也要承担家族义务），非常生气，便猛地砸向山腰，造成了山崩和洪水。瑶姬把它绑在柱子上，这样禹就可以砍下它的头。随后，禹为这条河开辟了一条新河道。在错开峡下游有两块黑色巨石，如今分别被命名为"锁龙柱"和"斩龙台"。

瑶姬和她的姐姐们留了下来帮助当地的百姓：保佑他们的丰收，呵护他们的病痛，守望他们的航船。可是，她们发现巫峡太美了，于是便每天都站在悬崖上凝望长江，天长日久，十二位神女化作了十二座山峰，矗立在幽深的江水上方。有人说，或许如今她们仍然守望着激流中的船夫。为了纪念瑶姬和禹的功绩，人们在巫山附近的高丘[1]上建了一座庙，每年的"神女节"[2]都会前来奉祀。

瑶姬这个人物体现了神与水的古老联系：据说她能控制峡

1　神女庙实际建在神女峰上。——译注
2　原文为Goddess Day，应为巫山当地设立的文化旅游节日。——译注

谷上空的雨水。正如一位唐朝诗人所写：

神女藏难识，
巫山秀莫群。
今宵为大雨，
昨日作孤云。[1]

　　这里的景色美不胜收。瞿塘峡附近的一座山岩上——由于水位上升，山岩现在已变成一座小岛——有一片古老的寺庙群，名叫白帝城。因为触怒皇帝而被流放，随后又被赦免的唐代诗人李白，沿江而下返回江陵时，正是在这里写下了千古名句"朝辞白帝彩云间"。李白的朋友杜甫曾在附近的夔州（今奉节）停留过两三年，他肯定也曾经常来到白帝城，独自一人坐在山上——这位诗人被普遍认为是中国最伟大的诗人之一，其全部作品中有四分之一都是那几年在这里创作的。在宋代，陆游曾沿长江而上，前往偏远的夔州赴任。面对那些峰峦与峭壁，他满怀敬畏，"有竞起者，有独拔者……奇怪不可尽状"[2]。1994年，当地建起一座长桥，连通了白帝城所在的山岩与奉节的江岸。不过，在三峡大坝后面的水位上涨之前，这座桥又被拆除了，以免给航运造成潜在的危险。

1　引自刘方平《巫山神女》。——译注
2　引自陆游《入蜀记》。——译注

40

英国探险家托马斯·布莱基斯顿1862年的著作《江行五月》(Five months of the Yang-Tsze) 中的一幅牛肝峡图片。三十年后，伊莎贝拉·伯德拍下了它的照片。

19世纪到达中国的西方人即便是在阿尔卑斯山或斯堪的纳维亚也从未见过这般景象。伊莎贝拉·伯德曾生动地描述她穿行宜昌峡谷的经历：

我们当时就像是在一座山地湖上。看不见出口；在灰色天空的映衬下，群山显得清晰又阴森。稀稀落落的雪花轻柔地在完全静止的空气中落下。我们离开江岸，船桨发出狂野的合唱，眼前的岩石上出现一道裂缝，我们紧张不安，满怀新奇和期待，这时船却突然转弯，绕过了一座高耸的山峰。我们是在宜昌的峡谷里，那是长江沿途第一个也是最大的一个峡谷群。长江在群山当中开凿出了一条通道，在其他地方有时宽达数千米的江面，在那里却被挤压为一百多米至三百多米。

人们在这里的一些洞穴中发现了古人类化石，它们改写了关于人类起源的标准说法。这些洞穴里还遍布着动物骨头化石，当地农民曾收集这些动物骨头，假冒龙骨和龙牙作为药材出售。三峡最惊人也最奇怪的景象可能是"悬棺"。一个叫"巴"的古老而传奇的少数民族，先将木桩钉在峭壁上，然后再将棺材放在木桩上。其中一些棺材是用防水、耐久的楠木制成的，大约已有两千年的历史。在三峡及长江的一些支流上，人们都能找到这种棺材。它们是如何被放上去的，目前还不清楚，不过似乎有可能是用绳子拉上去的。而为什么要把它们放在那里，则是另外一个问题。是要让它们一直提醒人们敬畏祖先吗？(要做到这一点，让它们在头顶上方若隐若现，的确是最好的办法。)是要用一种天船，把逝者的灵魂带到阴曹地府或者带回大自然吗？它们把恶魔赶走了吗？有谣言说，这些棺材里面藏着巨额的财富，不过鉴于它们如此难以接近，肯定有效地阻拦了盗墓者。1971年，考古学家首次近距离接触它们，并对其中的极少一部分进行了研究。他们发现，里面放着青铜器、陶器以及死者的骨架。

直到19世纪后期，位于西陵峡东口的宜昌仍是大型船只可以通航的最后一站，因此，当时的宜昌是一个非常重要的城市。英国公司在那里设立商栈，对所有通过的货物征收关税，鸦片是其中最赚钱的货物之一。再往上游走就很危险了。李白声称，想到要穿过巫峡，他的头发都吓白了；而恶名昭著的西陵峡青滩上的白骨塔，据说埋的都是在那里被淹死的船夫的尸骨。陆游曾记录道，早在宋代，人们便想方设法清除潜伏在水面之下的致命浅滩，但是一些靠抢劫遇难船只为生的当地人贿赂了采石工，让他们声称这些岩石坚不可摧，拼命阻拦这项工作的进行。19世纪中期，在一位富商的赞助下，一种叫作"红船"的救生船开始在这段水域出现。到了20世纪初，红船的数量已扩充到50条左右，每年能拯救1000多人的生命，并且充当了事实上的水警。

为了逆流而上，船主会雇用(更早的时候是强迫)一群叫作纤夫的人拉船。不管从哪个角度看，这都是一项不够人道的艰巨任务。

正如历史学家莱曼·范·斯莱克[1]（Lyman van Slyke）所说：

用人力拉着一艘重达120吨的"麻秧子"（一种帆船）穿过三峡的险滩，与世上最为汹涌的急流对抗，这显然是一项不可能完成的艰巨任务。西方人连这最早是怎么设想出来的都难以想象，更不用说完成了。

但它的确被完成了。一支拉船队伍可能有100人之多，全都拉着纤绳，沿着狭窄的小路前行。小路有时开凿在峡谷里的岩石表面，被溅上江水之后很滑，非常危险。纤绳的另一端连着船体，套在桅杆上；传统的纤绳是用竹子编的，强度可以达到软钢的一半，而且在浸水后以及被拉紧后，会变得更为强韧。拉纤这个行当是在唐朝出现的，李白曾在一首诗中提到过它。陆游则证实说，从未有人尝试过靠船帆穿行三峡，还说纤绳粗如人臂，长达300米。这听起来实在太过夸张，直到人们读到19世纪末伊莎贝拉·伯德的记录，才印证了陆游所描述的景象。伊莎贝拉说，盘在船舱顶上一圈圈"粗壮的"绳子，只能用来航行一次。如果看到这些绳子在花岗岩岩石上磨出的深深印痕，你就不会对此感到惊讶了。1887年，维多利亚时代的航海家、企业家阿奇博尔德·立德乐（Archibald Little）在长江上游创办了一家轮船

---

1 莱曼·范·斯莱克：加州大学伯克利分校中国历史博士，斯坦福大学历史系教授，后文引自其作品《长江》。——译注

公司[1]，他曾这样描述拉纤这个行当：

一艘150吨的大帆船需要100多名船工，其中有70或80名纤夫。舵手指挥船上的鼓手，用鼓声引导纤夫的行动。船上另有十几人手持撑杆，在船艰难前进的同时，他们要利用撑杆让船避开暗礁和岩尖，还要控制用小杉树做成的巨大的弓形船桨。还有五六名船员要像猫一样在岩石上跳来跳去，把总被挂住的纤绳从石缝里拉出来。除了这些船工，还有三四个特殊的泳者，被称为"抬挽的"或水中纤夫，他们像亚当一样一丝不挂，仿佛一群秃鹫蹲在帆船前方的岩石上，随时准备听从吩咐跳进水里，解开在岸上够不到的卡在石缝里的纤绳。

拉纤是一个非常辛苦的行当。这些经常光着身子干活的人，是最早的"苦力"之一。苦力是对体力劳动者的称呼。过去，为了"鼓励"他们努力干活儿，"工头"（英国人这样称呼他们）常会鞭打他们。据说，雇用纤夫的合同里有时会包括这样一个条款：保证为其提供棺材。伊莎贝拉·伯德作证说："几乎每个人身上都能看到割伤、瘀青、创口、鞭痕和皮肤病导致的严重溃疡，每个人都是一副营养不良的模样。"直到20世纪50年代，人们用炸药炸掉了最为凶险的那些浅滩，拉纤这项工作才告结束。

---

1 立德乐的企业以及他后来的船长蒲兰田，开启了长江上游宜昌和重庆之间的商业航行——正如立德乐所解释的，"长江是这个庞大帝国东西之间的交通要道，而且是唯一的交通要道"。为了感谢其为开辟这条航道而付出的努力，蒲兰田被任命为中国海事部的巡江工司。政府为其授勋并举行庆祝仪式，还在浅滩上方为蒲兰田夫妇建了一座房子。——原书注

长江上有各种各样的商人来往，其中最富有的是盐商：由于饮食中缺乏肉类，中国的每一个农民都需要盐。（酱油就是为了补充这种昂贵的商品而发明的。）盐的买卖由国家控制，但私人生产者和销售者可以通过购买许可证在授权地区进行销售，从而获得丰厚甚至巨额的收入。其他商人则靠谷物、茶叶、植物油、草药、兽皮、棉花、豆类、大麻、木材、竹子或煤炭发了财。

然而，这种商业生活是不稳定的，因为在长江中游运输任何东西都充满了危险。在阿奇博尔德·立德乐创办他的企业之时，据说把一吨货物从伦敦运到汉口，比从汉口穿过三峡运到重庆还要快，还要便宜。1900年，蒲兰田[1]（Cornell Plant）将立德乐的55米长的"肇通号"从宜昌开往重庆，8年后，他创立了自己的轮船公司。他指出，每次旅程中，都有十分之一的帆船严重受损，有二十分之一的帆船彻底无法修复。船长们冒着相当大的风险出租自己的船只和劳务，因此对纤夫们毫不怜悯。就像蒲兰田所说：

老板，或称船长，通常坐在甲板室顶上，居高临下地观察船的前进。每当有什么事情发生，他就会站起来，跺脚、咒骂、咆哮——不过工头们通常比他厉害得多，会把这些原封不动地还给他——直到老板的老婆忍无可忍，来到甲板上，用几句目标明确、蛮不讲理的脏话结束争吵。即使是泰晤士河上的船夫，

1　蒲兰田（1866—1921）：生于英国的航海世家，1895年来到中国，于1900年驾驶"肇通号"货轮从宜昌抵达重庆，改变了川江航运此前离不开木船加纤夫的历史。——译注

在老板的老婆面前也会变得哑口无言。

即使到了现代，在长江上航行也需要高超的技术和勇气[1]。20世纪80年代在上海和重庆之间航行的一艘大型客轮的船长曾这样说：

我认为，即使是最不安分的人，在长江上航行多年后也会变得充满耐心。不过我们和那些视野更为广阔的海员不同。我们的航道很窄，所以我们必须非常谨慎。

▶湖泊之诗

在湖北、湖南和江西三省的交界处，长江逐渐变宽变平，形成中国最大的两个湖泊——洞庭湖和鄱阳湖。它们是天然的蓄洪池：随着河流的季节性流动而涨落。陆游说，鄱阳湖"四望无际"[2]；李白则称之为"天镜"[3]。洞庭湖平时占地约3000平方公里，而到了汛期，面积几乎可以达到这个数字的7倍。这种规律的脉动支配着湖岸上的生活节奏。在冬季和早春，即旱季，农民们会在裸露的沙质湿地上种植水稻；当水位开

---

1 如今长江游轮上的乘客所面临的风险，更多是由于旅游公司试图通过使用保养不善的船只和缺乏经验的船员来削减成本。不过上述因素仍扮演着重要角色："东方之星"号在2015年6月倾覆沉没，船上456名乘客和船员几乎全部遇难，只有14人生还。当时的极端天气——龙卷风和倾盆大雨——暴露了这艘船糟糕的安全措施。——原书注

2 见陆游《入蜀记》。——译注

3 见李白《下浔阳城泛彭蠡寄黄判官》：开帆入天镜，直向彭湖东。——译注

始上升时，他们则向后撤退。洞庭湖横跨两省，这两省因此而得名：湖南，即"洞庭湖之南"，湖北，即"洞庭湖之北"。

这个巨大的蓄水池由于农业土地的开垦而大大缩小了。洞庭湖的面积曾一度超过鄱阳湖，但在过去的50年里，它已缩小到只有鄱阳湖面积的一半。在一年当中最干燥的时候，它只能说是几个泥泞的河口。自20世纪50年代以来，洞庭湖一直是湖北和湖南之间争议的一个源头。湖北人抗议说，湖南人在洞庭湖畔开垦了太多的土地，以至于其不能再充当蓄洪池，让他们处于危险之中。长江水利委员会设法找到了一个不怎么样的折中办法：在湖泊入口处建造防洪闸，大部分时间关闭，湖泊就变成了农田，如果有洪水风险，就把它打开。提出这个解决办法的人没有预料到的是，湖南人不只是临时耕种土地，他们还会在土地上建造房屋、道路和学校，这使得开闸防洪变得毫无可能。

在工厂开始霸占湖岸之前，这些湖泊曾无比美丽——即使到了今天，尽管生态系统遭到了一定的破坏，它们仍没有失去所有的魅力。诗人和画家来这里欣赏沼泽和芦苇，平静的水面反射着月光，渔船果敢而孤独地航行。

在唐代，洞庭湖可以说激发出了一支独属于它的诗歌流派。诗人张说被它的广袤所震撼：

茫茫失方面，
混混如凝阴。

云山相出没，
天地互浮沉。¹

李白曾在洞庭湖畔住过一段时间。像许多诗人一样，他登上岳阳楼眺望湖面——岳阳楼是三国时期所建的军事要塞²写下这首诗：

楼观岳阳尽，
川迥洞庭开。
雁引愁心去，
山衔好月来。³

▶畅游长江

1938年，当入侵的日本军队准备占领武汉时，诗人邹荻帆将长江描述为一种抵抗精神，提醒人们，久经考验的中国，这一次依旧可以挺过去：

啊，长江——

---

1 引自张说《入海二首》。张说（667—730）：河南洛阳人，唐代政治家、军事家、文学家。——译注

2 原岳阳楼已在1078年毁于火灾，如今矗立在那里的建筑为后来重建。——原书注

3 引自李白《与夏十二登岳阳楼》。——译注

我爱你强壮的力量
它能带你远走万里。
没有堤坝可以阻挡你汹涌的波涛
灌溉土地，养活沿途的人们
几千年没有尽头。

不过，对毛泽东来说，长江的桀骜不驯，使它成为一条有待征服的巨龙，这表明这个国家现在并非掌握在自然手中，而是掌握在党和党的领导人手中。在某种程度上，对长江的治理体现出非常先进的技术：1957年在武汉落成的第一座横跨长江主要河段的大桥，是一座公路铁路两用的双层建筑。毛泽东在前一年的一首诗中便在期盼这一辉煌的成就："一桥飞架南北，天堑变通途。"[1]当时这座建筑已经开始施工。

不过这首诗更大的象征意义在于，它展示了个人对于这条中国神秘水道的征服。1956年夏天，毛泽东在武汉的长江岸边脱下衣服，一头扎进了汹涌的急流。关于这一事件的诸多代表性照片显示，毛泽东当时是一个人在水里，但事实上，他身边有警卫和官员陪同。他们都有充分的理由表示担心。在湖南湘江的一次游泳训练中，一名警卫被一条水蛇咬了。而在毛泽东下水之前，为了确保成功，两名士兵跳进长江进行演练，却遇到了急流和水中的寄生虫。

1　引自毛泽东《水调歌头·游泳》。——译注

这一壮举不仅展示了毛泽东的体力和耐力；它既是一场征服自然的表演，也表明从水那里学到了另外一课。正如毛泽东在1957年所写：

人民就像水一样，各级领导者，就像游水的一样，你不要离开水，你要顺那个水，不要逆那个水。[1]

对长江的征服也强烈地暗示着中国在国境之外的威力。"长江，别人都说很大。"毛泽东说，"其实，大，并不可怕！美帝国主义不是很大吗？我们顶了他一下，也没啥。所以世界上有些大的东西，其实并不可怕。"[2]

这一壮举，只要有需要，就可以重复。1966年，谣言四起，说73岁的毛泽东健康状况不佳，于是毛泽东又一次在媒体面前畅游长江，以此平息了谣言。中国媒体则热情地传达了这一

---

1 引自《毛泽东选集》第五卷。——译注
2 引自1966年7月25日《人民日报》，是1957年毛泽东第四次畅游长江之后与记者的谈话。——译注

消息。

  毛泽东通过游泳对水实现的征服，成为民众积极效仿的榜样。当时的一些宣传海报描绘了健康的儿童在游泳，并宣称每个人都应该学习游泳。这需要毅力和自律。毛泽东写道："你只要每天学一小时，不间断，今天也去，明天也去，有一百天，我保管你学会游水。"[1] 为了纪念毛泽东第一次横渡长江的壮举，今天，在武汉和长沙，人们会在盛夏时节的江水中举行游泳比赛。而如今的风险，除了急流和寄生虫，还有污染。在武汉，一些勇敢者为了纪念毛泽东的生日，甚至在12月冒险下水。2014年7月，当广州市市长在1966年毛泽东畅游长江纪念日戴上必要的红色泳帽，迈进珠江的江水时，他是希望让旁观者相信，这条江没有受到污染。在中国，利用水所作出的象征性动作能够自我推进，从而实现新的意图。水的语言很容易被理解，因为它从远古便在中国回响。

1　引自《毛泽东选集》第五卷。——译注

第二章

在水之外

古代中国的神话与起源

Chapter 2

Out of the Water

The Myths and Origins of Ancient China

当尧之时,

水逆行泛滥于中国,

蛇龙居之……

使禹治之。

《孟子》

1169年，陆游终于接到了任命，不过，他对此肯定不甚开心。我们在前一章中提到过的这位南宋小官，被指派到了夔州。夔州便是后来长江岸上历史悠久的小城奉节。这个地方距离陆游在绍兴的家大约2900公里，陆游对其毫无兴趣。他将不得不与家人一起乘船沿大运河抵达长江，然后鼓起勇气踏上一段艰难而危险的旅程，逆流而上大约1600公里，到达一个基本只有土著居住的闭塞的目的地。

陆游出生于南宋都城杭州南部的一个书香世家。在通过科举考试之后，他本有资格取得功名，却没有得到任何重要的职位。1166年，他彻底放弃了仕途；似乎是出于生计考虑，他后来才被迫重返官场，而这意味着无论给他什么职位，他都必须接受。

虽职位低微，陆游却志向高远。他沉浸在中国古典文学和诗歌中，希望凭借自己的才智和艺术能力得到认可。在他后来的人生中，这些目标都实现了：虽然在官场上没有什么建树，但他成了著名的诗人和历史学家。然而，在出发前往夔州时，他却尚无声名可言，也许部分是出于这个原因，他就自己这段长达157天的旅程，撰写了一部相当博闻强识的日记，其中引用了许多著名作家的作品以及史料，并对当地的风俗、地理和自然进行了评述。这部日记不仅展示了他惊人的学识，可能也提醒了朝廷，即便如今的命运只是打发远离权力中心的日子（事实上是漫长的七年），但他终究是一位杰出的人物。

陆游的游记是此类作品中最早的文本之一，比起大约一个世纪后欧洲人对远东旅行的记述,尤其是马可·波罗和一位笔名为约翰·曼德维尔[1](John Mandeville)的作家的作品,陆游的游记看起来少了许多修饰和幻想。记录远东旅行这一传统始于中世纪的西方旅行者,后来被耶稣会的修士和传教士所延续,之后又被勇敢的维多利亚时代探险家,如托马斯·布莱基斯顿[2](Thomas Blakiston)和伊莎贝拉·伯德所继承。对这些作家来说,中国是一个充满异域风情的神奇而又神秘的地方,同时也是一个肮脏和令人不适的地方。他们对长江沿岸的景色惊叹不已,也常常叹服于中国人的聪明才智,但与此同时,他们又对那些时而脏乱破旧的城市嗤之以鼻。在拼写这些城市的名字时,他们使用的是罗马字母,因此经常出现谬误。从马可·波罗、布莱基斯顿或是伯德的游记与陆游游记的区别当中,我们可以看到西方的旅行者们都错过了些什么。但这是不可避免的。对于外国人来说,许多东西都无法看见或无法理解;但是,当陆游乘船经过那些岩石、岬角、寺庙和神龛时,他无疑是在穿越一片即便是在遥远的当时也已经被完全人格化与神话化的风景。那些丘陵、山脉、峡谷和河流,似乎都有着自己的名字和故事:它们代表着对这片土地本身的叙述,代表着一个关于龙和勇士的故事,一个关于王朝和战争、梦想与恐怖的故事。

在伯德和布莱基斯顿看来,这是一片荒凉、原始而陌生的

1　约翰·曼德维尔:14世纪的英国作家,真实姓名不可考,以《曼德维尔游记》一书闻名于世。该书为参考马可·波罗等人的中国游记后写成的散文体虚构游记。——译注

2　托马斯·布莱基斯顿(1832—1891):英国探险家、自然学家,著有《江行五月》等作品。——译注

地带，但在陆游的眼中，则是一个由诸多亲切而熟悉的地标所定义的世界。每个地标（从名字看来）似乎都包含着某个激动人心的故事或传说。"过狮子矶，一名佛指矶"，陆游写道——或者，"(遂)至东林太平兴龙寺，寺正对香炉峰"[1]。散花峡、拨云峰、长风沙、慈姥矶……这些名字让你希望陆游能告诉我们更多，不过当然，他的目标读者并不需要太过基础的解释。在12世纪的中国，长江沿岸（当然，这是一个非常特殊的位置）是一片充满传奇色彩的土地，这里的风景早已因其悠久的历史而被铭记。

在开始讲述中国神话之前，我们需要知道这一点：一种普遍的观点认为，神话之所以产生，是为了组织并阐明文化中普遍存在的人类经验。正如哲学家汉斯·布鲁门伯格[2]（Hans Blumenberg）所说，作为神话"被挑选出来反复讲述"的故事，是那些能够"吸引注意力，帮助人们应对世界"的故事。这一观点适用于任何神话，同样适用于亚洲神话。但正是由于这个原因，对于任何一个特定文化来说，神话都可以揭示出对其生活方式最具挑战性的东西。中国神话充满了场所感[3]和危险的自然现象，与此同时，又专注于有关权力、管理和继承的问题。它告诉我们，在最为不同寻常的人口、政治、地理和气象障碍面前，以如此的规模建立并维持一个有序的国家究竟意味着什么。希腊和北欧诸神用他们十足的人性取悦我们，令我们着

1　引自陆游《入蜀记》。——译注
2　汉斯·布鲁门伯格（1920—1996）：德国思想家，著有《神话研究》等作品。——译注
3　也译作地方感、地域感。指一个人对特定环境所产生的特定感觉。——译注

迷——他们的功绩充满个性，他们暴怒、嫉妒、反复无常；而中国诸神则往往是高高在上的统治者，要凭借超人的耐力和意志来建立秩序。

这些亦君亦神者必须战胜的，是导致国家陷入混乱和解体的力量。而在中国神话中，这种毁灭性的力量以一种非常切实的形式存在：水。

▶从神到人

中国神话没有形成一个连贯的语料库。不过，真的有哪些神话形成了吗？这些中国神话故事存在着多个版本，相互重叠，相互冲突，这是它们与希腊神话共有的问题。然而，在中国，这些含糊与省略反映的与其说是时间的破坏作用，不如说是故事讲述者的议程。在一个祖辈与先例如此重要的文化中，神话为政治决定的验证和社会规范的建立提供了强有力的范式。虽然因果关系难以厘清，但中国神话景观的残缺本质使这些特征更加突出。历史学家吴国桢[1]说，在中国神话里，奇闻轶事"没有任何组织感或艺术感，人物似乎是凭空出现，然后又消失在同样的空无之中"。人们常常不清楚这些人物是人还是神，是人还是怪物，甚至不清楚不同的人是否被冠以了相同的名字。为了方便讲述者，人们最好把中国的神话和传说人物看

---

1 吴国桢（1903—1984）：字峙之，湖北建始人。政治家、历史学家，著有《中国的传统》等作品。——译注

作一群演员,他们就像棋盘上的棋子,被排列成了各种各样的阵容。

中国的经典创世神话其实并不太古老。一般认为,它们可以追溯到东周时期,也就是大约公元前8世纪到公元前3世纪。在最终成为正统的版本中,半人半神的巨人盘古垂死之际,其血液变成江河,肌肉变成田土,筋脉变成山脉和道路。世界是由四根巨柱(盘古的四肢所化)支撑的一块方形大地,大地之上是圆形的天穹,盘古的汗水化作雨,从天穹落下。盘古的眼睛变成了太阳和月亮,而在他尸体上那些不起眼的寄生虫,则化作了人类。

在另外一个更为古老的神话中,关于人类的起源有另外一种说法:人类是由女神女娲创造的。她用黄土和泥巴做成人,来缓解自己的孤独。女娲后来嫁给了伏羲——中国的普罗米修斯。伏羲发明了狩猎、烹饪和其他一些人类技术,还发明了《易经》中的占卜体系。在一些神话中,伏羲和女娲被描述为兄妹。在一场大洪水之后,他们幸存了下来,并被神授以乱伦生育和繁衍的权利。一些古籍把他们纳入三皇之列。三皇是人更是神,利用其法力在人类早期成员中培养技能,传授知识,文明因此得以出现。

伏羲从"河图"中推导出了《易经》中的八卦。传说"河图"是一匹龙马从黄河中带来的。它是一组神秘的正方形符号,据说是关于黄河的一种图形或"地图"。基本与此同时——确切的年代尚不清楚——在黄河支流洛水的岸边,为了平息河神的愤

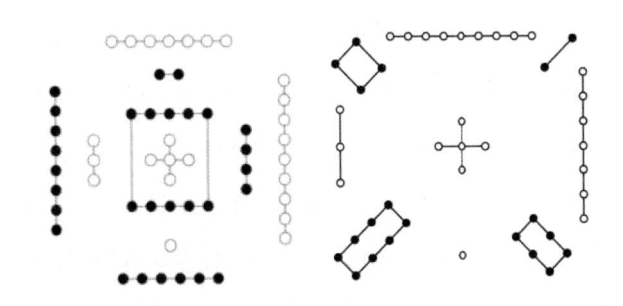

河图（左）与洛书（右），中华文明的两种符号体系。

怒，百姓举行了一场献祭。献祭的过程中，一只神龟从河水中浮现，龟壳上刻着另外一组密文。这就是"洛书"，一个用符号表示的更为常见的神奇数字方阵，它为风水学说提供了理论基础。从这两个传说可以得知，黄河正是中华文明赖以存在的神秘组织体系的源头。

三皇时代之后是五帝时代。五帝是中国最早的五位伟大君主，同时也是五位圣人。在不同的传说中，他们的身份各有不同，不过有一点是一致的，即黄帝是五帝之首。在公元前5世纪到公元前3世纪的战国时代，黄帝成为人们顶礼膜拜的对象。据说，黄帝在黄河中游建立了中华文明，传统上认为，是在公元前2697年至公元前2597年之间。这个遥远的时代通常被视为从游牧文明向农耕文明转变的历史标志：黄帝之前的神农（通常被列为三皇之一）教会了中国人如何种植作物。与此同时，据说黄帝的元妃嫘祖已经开始养蚕缫丝。

除了其他的诸多功绩，黄帝还是一位水神：和与上帝角色类似的玉皇大帝一样，他也可以翻云覆雨。在他统治的历史时期，华北平原的主要自然灾害不是洪水，而是干旱。在一个象征着这种气候危机的故事中，黄帝与他的对手蚩尤之间发生了战争。蚩尤是一个魔鬼般的人物，有八只脚，三头六臂，铜头铁额。在发生于华北平原上史诗般的涿鹿之战中，蚩尤召来了一场巨大的暴风雨，而黄帝的女儿"旱神"魃及时赶到，驱散了乌云。看起来，即便是在那时，水也是战争的一部分。

▶水中之龙与河神

无论是在民间信仰中，还是在官方正史里，水在中国神话中都占据着核心地位。中国的每一条河流、每一座湖泊、每一个池塘、每一眼泉水，似乎都与某个传说或神灵有关。河神通常代表极其古老的万物有灵论信仰，这为其与传统朝代神话里的英雄之间的冲突提供了人类学的解释。黄河的掌管者是一个名叫巨灵的河神，为了黎民的利益，他可以劈山疏水。后来他成了道教中的一个神仙。宋代的一份资料中说，巨灵"遍得坤元之道，能造山川，出江河"[1]。黄河泛滥时，人们认为是邪恶的河神——河伯发怒了，于是便用牲畜甚至人去祭祀他。

关于水的神话和传统，不同的地方有不同的表达，特别是在少数民族群体当中，它们常常会被用来建立和确认相互合作及群体认同的准则。水提醒他们自己是谁，他们有什么义务，

---

1 最早见于郦道元《水经注》，据认为出自汉代纬书《遁甲开山图》。——译注

应该对谁忠诚。云南南部的傣族人，在出生、结婚和死亡的仪式中都会用水祈福。他们一年一度的泼水节是为了庆祝一个邪恶的魔鬼被杀。那魔鬼抢了七姐妹做他的新娘。姐妹们起身反抗，把他的头砍了下来，但头刚一落地，就烧起来了。姐妹们轮流拿着它，其他人则不断向它泼水，好在大火蔓延至整个地球之前把它扑灭。新年伊始，哈尼族、德昂族和纳西族的人们会从河里取水，盼望带来好运和繁荣；出于同样的原因，基诺族和佤族的新娘也会在婚礼次日的清晨去井里打水。汉族神话中对水的极度掌控，与少数民族神话中水的地位形成了鲜明的对比。在少数民族神话中，水必须被小心呵护并尊重，水是维系群体的纽带。

在整个东南亚地区，龙都与水相关。它们与河流、雨水和彩虹联系在一起。有时候，彩虹的两端会被分别画上一个巨大的龙头。池塘通常被称为"龙潭"，其中很多岸边都有龙王庙：这样的崇拜无疑确保了对珍贵的水源的尊重。龙和河流一样，也是丰饶的象征，对庄稼和人类来说都是如此。有许多民间传说，讲的是女人到河边洗衣服，回来时便怀上了龙种。这种解释是为了遮掩这些女人不检点的行为，若非如此，她们可能就会投河自尽以洗清耻辱。就她们的困境而言，这是一种"体面"的解决方法，还可能会让这些不幸的受害者被尊为水中女神。

是龙创造了中国的那些大河；事实上，河流便是龙。据说，从前海洋是由玉皇大帝所统治，他指派四条龙——长龙、黄龙、黑龙和珠龙——守护百姓，并降雨浇灌庄稼。但玉皇大帝的新娘迷住了他。他只关注新娘，却忽略了关心人类。没有降雨，人们只能绝望地求助于龙，龙便去天上见玉皇大帝。玉皇大帝带着几分恼怒，含糊其辞地答应马上降雨，把它们打发走了，可是随即便抛诸脑后。天上还是没有降雨。庄稼颗粒无收，人们只能以草根、树皮，甚至白黏土果腹。

看到百姓的遭遇，四条龙心生同情。它们把海水注入云层，于是便降下了甘甜的雨。玉皇大帝听说后非常生气，四条龙竟然未经他的许可便造了雨。于是，他命令山神把它们囚禁在一座大山底下。四条龙决心继续给百姓送水，将自己变成了从山腰流下的河流。黄龙和长龙的走向无须多加解释；珠龙化作珠江，流经南方的广西和广东两省，而后注入南海；黑龙则在遥远的北方化身成为黑龙江。

从这个故事可以看出，黄河流域的早期中国文化所面临的危险，与其说是洪水，不如说是干旱。据说，十个太阳从世界之树"扶桑"上飘了下来，威胁要把土地烤干，让田野变得荒芜，把麦穗烤焦，让植物枯萎。东方天帝帝俊派箭术高明的射师羿去帮助人类，羿奉五帝之一的圣王尧之命，射下了九个多余的太阳。当羿的箭射中那些火球时，火球掉了下来，变成遥远的海上一个名叫"沃焦"的燃烧的岛屿。所有接触到它的海水都被它烤干了，这就是之所以河流不停地注入大海，大海却从不泛滥的原因。

在这个故事的另外一些版本中，羿的行为越了界：据说太阳们实际上是帝俊的儿子，每一个太阳都是一只太阳鸟，帝俊只是让羿吓唬吓唬它们,让它们不要再搞恶作剧。羿被赶出了天庭,后来,他成了一个代表人类与可怕的野兽和鬼怪作战的大力士形象:据说他射死了化身为一条白龙的黄河河神。

干旱和洪水一样,也是上天不悦的象征。在商朝的第一个统治者成汤推翻夏朝(传统上认为是在公元前1675年)之后,干旱席卷大地,连续五年歉收。穷人为了活命,不得不卖掉自己的孩子,不过善良的商王汤铸造并分发金币,让他们把孩子赎回来。后来,商汤来到一座神圣的桑林,跪下来,将自己作为祭品献给上天。然后,正如秦国的《吕氏春秋》所述,"民乃甚说,雨乃大至"。

▶地球倾斜

人类学家布罗尼斯拉夫·马林诺夫斯基[1](Bronislaw Malinowski)认为,神话是"社会行动的宪章":即对所需完成之事的文化指导。西格蒙德·弗洛伊德[2](Sigmund Freud)则认为,神话表达了无意识的恐惧与欲望,这与马林诺夫斯基的观点并不矛盾。事实上,中国的洪水神话与这两种观点都相当匹配。

众所周知,洪水神话普遍存在——几乎每种文化都有一个——但是没人能告诉你为何如此。一个显而易见的答案是,

---

1 布罗尼斯拉夫·马林诺夫斯基(1884—1942):英国社会人类学家,功能学派创始人之一。——译注

2 西格蒙德·弗洛伊德(1856—1939):奥地利精神病医师、心理学家,精神分析学派创始人。——译注

很多早期文明都出现在容易泛滥的大河附近;同时,洪水神话也容易让人回想起大约11000年前的最后一个冰河时代末期,当冰原融化时,全球海平面大幅上升的情景。不过,洪水的景象具有强大的象征功能。洪水神话与人类存在之前的创世神话不同。创世神话创造了一个由诸神和诸天组成的宇宙,扮演着宇宙起源的角色,而洪水神话则为人类社会和制度的出现扫清了道路。洪水神话为神话的创造者提供了一个关于此时此地的基本原理,为事物存在的方式提供了一个正当的理由,也为天地、神人之间新契约的建立提供了一个动机。它为家谱的构建提供了一个"元年",从这一年开始,地球上重新有了人,亲属关系和部族结构开始出现。

然而,在中国,洪水既不需要承载象征意义,也不需要承载古老的部落记忆。神话规模的洪水至今仍然是日常生活的一部分,仍然是一个必须在每一次四季轮回中面对和解决的问题。这使得中国的洪水神话与地球上其他国家的都不相同。汉学家李约瑟说:"世界上可能没有其他民族保存着如此大量的传说材料,从中可以清晰地溯及遥远时代的工程问题。"而这些问题在今天依然存在,这一事实以同样无可匹敌的方式支撑着中国神话的文化关联。

在许多洪水神话中,失控的洪水有一个道德上的作用。在诺亚的传说中,这一道德作用非常明确:洪水是上帝对人类之恶的惩罚,只有善良者和他的家人才能逃脱。这种叙事不仅鼓励听众尊重上帝的权威,而且把一种道德上的优越感以及随之产生的统治权，赋予了幸存者的后代。

但在中国，水的本质中蕴含着一个非常有启发性的信息。导致洪水的是"坏的"水，是狂暴的、野性的、混乱的。洪水的发生是一种恶行，一种反叛和犯罪行为。社会的稳定依赖于对这种水的控制：疏导它，安抚它，使它有序，变"好"。能够做到这一点的人，本质上就是一个有道德的人。这样一来，对水的治理就变成了一个道德问题：一个成功的控制系统不仅有效，而且具有典范性，负责这一战略的人展示了其统治权。历史学家陆威仪[1]（Mark Edward Lewis）说："中国洪水神话的方方面面……都集中在对统治者的本质及其权威的正当性的思考上。"对无序和混乱的恐惧一直困扰着中国统治者。东周时期，洪水神话被正式定型，因此洪水作为混乱的喻体得到了特别的强调。这是可以理解的。尽管东周被认为是中国古代思想的黄金时代——老子和孔子的时代——但它也是一个高度动荡的时代。从公元前5世纪到公元前3世纪，战国七雄为争夺国家的控制权而展开了激烈的斗争。直到公元前221年秦朝建立，这场斗争终于结束，一个统一的国家形成了。对大洪水的驯服代表了动荡时代对社会秩序的梦想。

大洪水发生在尧帝统治的时期，传统上认为他的统治始自公元前2350年，终于公元前2250年。在被列为"五经"之一的《尚书》中，尧被描述为太阳神，并被认为完成了创造宇宙的任

1 　　陆威仪：出生于1954年，美国著名汉学家、中国古代史专家。——译注

务：他令四个兄弟驻守四方，监督太阳的运动，从而规定了时间与空间的秩序。[1]

在《尚书》中，大洪水被呈现为大自然的一种中立行为：

汤汤洪水方割，荡荡怀山襄陵，浩浩滔天。下民其咨，有能俾乂？

但更常见的说法是，这场洪水是由反叛引起的。有人说，洪水肆虐的导火索是一个名叫共工的首领或恶魔造反。共工与五帝之一的颛顼（司马迁版本中黄帝的孙子）争夺帝位。争斗的过程中，共工将一根撑天的柱子——不周山撞断了。天漏了一个大洞，天庭之水倾泻而出，人们四散而逃，离开家园，爬到树上或小山上。之后又发生了其他灾难：烈火熊熊，野兽四出。这场坍塌使地球向东南方向倾斜，这解释了为什么中国所有的河流都是自西向东。虽然后来女娲补好了天空，但洪水仍淹没了大地。有人说，女娲是用一种神秘的"五色石"完成了这一壮举；也有人说，女娲是用自己的身体补上了天空的缺口。据说，她从西部的山里运来芦苇、木头和石头，筑起堤坝挡住了洪水；在精卫填海的传说里，精卫在东海溺水而死，之后化身为鸟衔草石填海。

随着对中国洪水神话的深入了解，你会发现，不同版本之

---

1 此处为作者对《尚书》记载的自我解读。——译注

间的差异使情况开始变得复杂。有人说，共工并不是与颛顼（也叫高阳氏）作战，而是与颛顼之子祝融发生了争斗。祝融是天上的火神，也有可能是朝中的大臣（在中国神话中，这二者的分类比你想象的更为接近）。共工有时会被描绘为海怪或水魔，有着掀起洪水的恶名。有时，甚至有人说他才是祝融的儿子。汉代的《管子》[1]一书中并没有把洪水的原因归咎于共工，只说他是一个试图利用这场灾难来争夺天下的首领。在这些神话中，神、魔、兽和政府官员混为一体，说明了民间传说、政治化的历史创造以及权威人物的神化之间复杂的相互作用。

同样，我们可以发现，这些神话既被用来提供自然主义的解释方案，也被用来验证权力结构。在其中的一个版本里，堤防工程战略与美德之间的联系十分明显：

> 昔共工弃此道也……欲壅防百川，堕高埋庳，以害天下。皇天弗福，庶民弗助，祸乱并兴，共工用灭。[2]

因为共工的名字意思是"集体劳动"，所以有人认为他代表了一个等级森严的集体主义社会的失败。无论如何，不管他是水魔、叛军首领、傲慢的篡位者，还是道德上的败类，他最终都被消灭了：被摧毁了或是被羞辱了。然而，他留下了很多

---

[1] 该书是以公元前7世纪齐桓公的国相管仲之名命名的，实际上却是由汉代学者刘向收集编定的。其内容大部分来自公元前4世纪的资料。——原书注

[2] 引自《国语·周语下》。——译注

问题。洪水淹没了中国，持续扰乱着社会秩序，直到中国第一位也是最伟大的一位治水英雄——大禹，最终平定了水患。

▶禹迹

在《尚书》中，共工并没有被妖魔化，而是被描述为第一个被尧选中的防洪工匠。不过他的策略不够完善，因此很快被放弃了。下一个治理洪水的候选人名字叫鲧，他花了长达九年的时间试图减轻水患，却始终毫无进展。鲧的治水理念同样存在缺陷：他试图堵住洪水，而不是帮助它们流动和排出。《山海经》中说鲧犯了罪：他偷了帝尧的"息壤"，这是一种神秘的物质，可以自我膨胀，挡住洪水。因此帝尧下令处死了他。

在某个阶段——确切的时间尚有分歧——尧任命忠诚能干的臣子舜为自己的继任者。舜也是五帝之一。舜是一个有意思的人物。与其他半神半人的圣贤不同，他更像是一个大自然的精灵，一些学者认为他脱胎于一个与沼泽生物有关的水元素精灵。根据儒家著作《孟子》记载，他最初"异于深山之野人者几希"。从舜的身上，我们可以看到人与动物的区别是如此模糊，这种模糊性对中国早期的道德哲学来说非常重要：一种据说在洪水之前就已存在的前文明状态，确立了驯服水是文明本身的基本步骤这一概念。在禹努力拯救这个被淹没的世界同时，舜开始驯服鸟兽。据说，舜的母亲受孕于彩虹，而舜自己则长着

一张龙的脸,并且说龙的角色就是水的象征。[1]孟子(前372年—前289年)似乎把舜变成了洪水的化身:

闻一善言,见一善,若决江河,沛然莫之能御也。[2]

舜最初被尧任命为共同统治者,与尧一同承担治理洪水的职责。舜看起来不像是个人才,没有什么潜力——只是一个普通人(不过后来人们觉得有必要把他的血统追溯到黄帝那里),有一个愚昧的父亲、一个傲慢的继母和一个自负的同父异母弟弟。然而,舜在孝道方面堪称楷模,使得这个危机重重的家庭生活和睦,并且他也非常成功地履行了自己的管理职责。为了验证舜是否适合这一要求苛刻的官方角色,尧对他进行了种种考验,包括让他在荒野中经历狂风暴雨。尧还把两个女儿都嫁给了舜,并说如果连一个家都治理不好,又怎么能治理洪水呢?而舜把家事处理得很好。在证明自己胜任这些职责之后,舜继承了尧的王位。老帝王退居幕后:现在是舜掌管国家了。

舜对鲧的惨败进行了回顾,思考自己可以从中学到些什么。鲧曾想建造堤坝阻挡洪水,如果水漫过堤坝,只要把堤坝加高就可以了。而舜意识到这是行不通的,至少从组织劳力的

---

1 在舜身上,我们最为清晰地看到这样一个普遍的信念:所有的圣王,包括尧和禹,都是超自然的半神半人,是一个凡间女子和一个神或精灵的后代。有些人认为,禹本是鱼精,因为他的名字与鱼同音;中国有这样一句话:"微禹,吾其鱼乎!"意思是,没有禹,我们就会变成鱼。在这句话里,就有对鱼精说法的微妙影射。禹还被与龙联系在一起:在长江三峡,是龙妨碍了他的工作,但也有传闻说曾有龙帮助禹改造水道,甚至有人称禹的后代都是龙。——原书注

2 引自《孟子·尽心上》。——译注

角度来说几乎毫无可能。因此，驯服洪水的第一步是建立一种新型的民间社会，这种社会要根据明确的原则来进行组织。舜统一了历法、度量衡和文字，还引入死亡、婚姻、祭祖和战争的仪式。他把洪水泛滥的土地分成了十二个行政区。最重要的是，他尝试建立一个稳定、和谐、治理有方的社会：这是后来的每一个朝代都试图效仿的样板。吴国桢[1]认为：

> 舜给中国人留下的遗产，也许比他自己起初认为的影响还要长久。从他的时代到今天，这些理想——和谐与礼仪——已经深深植根在中国人的心中。

首先，舜必须摆脱鲧。在面对自己的缺点时，鲧总是怒气冲冲。他问舜，作为一个没有治国经验的普通人，舜凭什么证明自己的权威。舜的回应非常直率：这位爱争辩的工匠鲧，很快便被发配到了东南海岸上遥远的羽山。

鲧被放逐之后，他的儿子禹接替了他的位置。禹不是"中国的诺亚"。他不受神或命运的眷顾，不是一个孤独的幸存者，也不是所有后来者的父亲，最重要的是，他并非被动地熬过洪灾，而是亲自动手治理洪水：称他为一位水利工程师，这毫不夸张。人们通常认为他是一位真正存在的古代统治者，不过他把神的时代和人的时代联系了起来，将传说开始成为历史的那一刻人

1　吴国桢既是一位历史学家，也曾活跃于中国政坛，同时对水资源管理也很熟悉。1936年任汉口市市长期间，为了避免洪水泛滥，他曾监督长江堤坝的加高工程。——原书注

格化了。他是五帝之一,夏朝(约前2070年—前1600年)的开国君主。在中国,他受到普遍的敬仰,被尊为神。正是他对洪水的掌控为他赢得了这种绝对的尊重和权威,而中国的领导者们从未忘记过这一点。

禹辛苦劳作了十三年。传统上,中国要求公仆们无私奉献,禹完全证明了这一点。正如战国时期的《禹贡》一文所述,禹从黄河岸边一座名为"壶口"(位于今山西境内)的山开始,在那里,奔腾的河水正威胁着要淹没尧的都城。之后,禹系统地陆续在黄河、济水、淮河以及长江上挖掘并加深河道。他不停地在大地上往返穿行,监督凿山开路,疏浚河流。他把野生的生物——蛇和龙——逐回沼泽。他胳膊和腿上的汗毛都被磨光了;长途跋涉让他变成了跛子,走路的姿势也很笨拙,这被称为"禹步"——据说后来商朝的巫师采用了这种姿势。他的旅行使他成为旅行者的保护人。有几次,禹从自家附近经过,听到他可怜的妻子(他在开始工作的四天前才娶了她)和孩子们的哭声,他们都在哭喊着要他回家,但他没有理会,继续赶路。

为什么同一件事,别人失败了,禹却成功了?这个问题将道德行为、水资源管理和国家权力这三个截然不同的概念统一了起来;从某种意义上说,中国文化中与水有关的一切都发源于此。根据《孟子》的记载,禹使洪水找到了它们天然的河道,即它们的"道"。不过,无论如何,这绝不是自由放任的结果。它涉及高难度的工程学。《孟子》中关于此事的描述简直成了一篇技术报告:疏通九河,开掘汝、汉两河的水道,排空淮水和泗水。

禹的工作颇有成效，而且是良性的。这是自然的方法。与其相比，他的前任们之所以失败，恰恰是因为他们的策略违背了自然秩序。共工曾试图推倒高山拦住河流，他的方法是堵而非疏[1]。法国汉学家马塞尔·葛兰言[2](Marcel Granet)认为，共工(鲧)主张建造高大的堤防，禹则主张加深河道，二者之间的区别，代表了中国古代关于水利工程的对立学派之间的冲突。这种冲突的性质与后来被认为是"儒家"和"道家"的工匠之间的冲突极为相似，但它所传达的信息并不仅仅限于水利工程。这是对任何"非自然"道德行为的一个警告，因为这些行为可能会阻止一个人的动态能量(气)自由流动。管理水的方法就是管理我们自己的方法。

▶划分九州，建立王朝

将洪水排干之后，禹使大地重新展露在人们面前：现在，它不再是大自然的一部分，而是人类劳动的产物。简而言之，它已成为一个国家——因此，需要对它加以组织。通过监管这项工作，禹奠定了官僚治理体系的基础。作为舜的"建设部部

1　在描述了这一对比的故事中，共工扮演的是禹的父亲鲧的角色，而不是整件事情的始作俑者。这是神话的进化性和拼凑性的一个标志：可能是到了后期，鲧才被写进故事里，禹才变成了他的儿子。——原书注

2　马塞尔·葛兰言（1884—1940）：法国汉学家、社会学家、人类学家，代表作有《中国的文明》等。——译注

长"[1]，他测量土地，把国家分为九个州。他给所谓的九大沼泽筑起堤防，拓宽了九座山脉的山口（意思是砍伐森林），并开通了通往四大洋的河道。事实上，他所执行的既是一项农业政策，也是一项行政政策。

为了从先前洪水泛滥的混乱中创建一个有序的国家，(传说中)另有一些官员负责成立社会机构并制订法律。他们将社会关系正式化，传授农业、艺术和手工艺技术，并制定仪式和习俗。禹的改革包括采用姓氏以明确家庭关系，还实施了一套根据复杂的土壤类型、人口密度和灌溉措施进行计算的税收制度。在他的监管下，各地方开始向天子进贡，贡品包括毛皮、丝绸、珍珠、象牙、玉器和其他奢侈品。就这样，禹的传说证明了中国农业社会的基本特征：水道的管理、土地的分配、命令和服从的等级制度，以及在国家工程中使用有组织的劳工。《禹贡》中将这个王国称为"中国"："中央王国"。换句话说，可以认为禹的劳动构成了中国这个国家的基础神话。正如陆威仪所说，"洪水神话围绕着禹和女娲的形象发展，为几乎全部单元的起源提供了一个全面的神话学背景，早期的中国人正是用这些单元来表达他们的结构化空间概念"。

上天把统治中华民族的原则交给了禹[2]，其中最主要的是

---

1 传说禹曾担任过司空一职，负责水利、土木工程建设，相当于如今的建设部部长。——译注

2 在一些传说里，禹还从黄河中得到了幻方卦图《洛书》，就像伏羲得到《河图》一样。——原书注

《洪范》[1]。它包括九个范畴，确定了人类的"各种美德"应该如何得到规范。你会注意到吉祥数字九又一次出现了。对每一个文化实体、每一个方面、每一个特征都一一进行列举，没有什么习惯比这更具有中国特色了。事实上，深入研究这些范畴的定义，才真正进入了这种列清单癖好的丛林——从八种政务到五种计时方法。它们或许最好被视为一种说明：首先，它们说明了中国早期治国方略中一致同意原则的重要性；其次，它们说明了中国思想中形而上学、治理体系和个人道德之间的细微差别。禹通过对洪水的恰当治理取悦了天帝，从而展示了儒家至高的正道观念。一个贵族谋士告诉吴国统治者，上天不把《洪范》给鲧，是因为他失败的水利工程造成了一片混乱，而禹却受到青睐，成为一位完美的君主：夏王朝的第一位统治者。在商、周及战国时期，中国人一直认为自己是"夏族"，也就是禹的朝代的后裔。直到汉代，中国的主要民族才采用了"汉族"这个名称。

禹的神话还对继位原则提出了建议。一事无成的鲧，有个完美无瑕的儿子禹——事实上，有人说，神杀死邪恶而懒散的鲧之后，禹便从鲧的体内出生了。而舜帝因为怀疑自己儿子商均的品德，便把王位传给了有功的禹——就像尧选择舜，而非其子堕落的丹朱为继承人一样。"不肖子"通常被流放到这个王国最遥远的边疆——丹朱便被发配到了南方的丹水地

---

[1] 指《尚书·洪范》篇。——译注

区——在那里，他可能会变成一个具有威胁性的恶魔，抵御入侵者。这种代际的道德反转——卓越的统治者会生出堕落的后代，反之亦然——使一切"世袭制"的意图都失去了权威性，它更支持由有才能的官员继承王位。这也是后来孔子所推荐的官职任命原则，不过他谨慎地不再倡导在皇位继承问题上遵循这一原则。

但是，禹建立了一个王朝，并将王权传给自己的儿子启，这没有破坏这一精英继承的原则吗？呃，没错，这并不一定是个好决定。有人说启的儿子武观是个坏人，也有人说启自己就是个怪物。当然，这些故事反映出一种真正的不安，究竟什么才是权力交接的最佳方式呢？即便是帝制的终结也无法消除这种不安。但这不仅与王权有关：中国洪水神话中的父子主题也在探索亲属关系的概念，与王国这个宏观世界一样，家庭微观世界也提出了关于道德、世袭和孝道的问题。

▶神话的作用

随着周朝在公元前5世纪分崩离析，战国时期的水利工程师们声称他们在延续禹的工作。将自己与高尚的禹联系在一起，对任何统治者来说都是有益的。不难看出秦始皇为什么会认可这样一个传说：即他的祖先大费当年是禹的助手。公元前6世纪，周灵王想堵住一条可能淹没王宫的河流，太子晋警告他说，禹不是这么做的：

不可。晋闻古之长民者，不堕山，不崇薮，不防川，不窦泽。夫山，土之聚也；薮，物之归也；川，气之导也；泽，水之钟也……古之圣王唯此之慎。**1**

换句话说，大自然的某些方式必须予以尊重。正如好的治水方法意味着辨别并尊重河流的"道"，英明的统治者也会辨别并观察百姓的自然倾向。如此，一切便都将是和平而有序的。

大禹成了治水的合法化人物，进而成为所有国家权力的合法化人物。当明永乐皇帝在15世纪早期推翻他的侄子建文帝，并急于确立自己的统治地位时，仅仅重写官方记录是不够的。他最为宠信的大臣夏原吉主张采取一些新的水利措施，比如疏浚河流，因为这些措施遵循了《禹贡》中所记载的"三江"原则。夏原吉的计划明确阐述了这些"古老"的技术将如何使永乐皇帝像大禹一样成为圣王：

溯维三江，神禹开凿，旷久不治，涓流将涸，农田被害，神气萧索。眷兹九重，圣人复作，宵旰忧勤，命予疏沦。**2**

1　引自《国语·太子晋谏灵王壅谷水》。——译注
2　引自夏原吉《祀告河神文》。——译注

事实上，就连传说中的三江到底是哪三江都还不清楚，更不用说禹的治水策略了。同样不清楚的是，夏原吉的策略的根源——长江下游三角洲，究竟是否真的需要整治。但在永乐年间，皇帝需要的，是将自己与禹这位古代水神联系起来的一种姿态。后来，当不再需要这种神话学的宏大叙事时，夏原吉的策略便被悄悄放弃了。对河流开展劳动密集型的工程以防控洪水，这将导致不受欢迎的征募工作，而且无论如何，很可能效果有限，因此，统治者改而对洪灾的受害者予以援助和减免税收，以示自己的仁慈。

历史学家大卫·皮茨[1](David Pietz) 说："通过对神话的许可权进行改编和复述，政治权威得到了合法化。神话的这种权力在历史上的许多治水项目中都有所体现。"这种对传说的政治操作在今天和以往一样活跃。20世纪50年代末，当黄河上的第一座大坝在三门峡建成时，它的混凝土表面用高达几米的红色大字涂写着一句口号，据说这句口号出自大禹："黄河安澜，国泰民安。"最近，人们在这座大坝上方的悬崖顶上为禹建了一座花园，并把禹塑造成一个大力士般的巨人形象。他站在那里，俯瞰着中国最为著名的湍流。

1　大卫·皮茨：华盛顿大学博士，现任教于亚利桑那州立大学，研究兴趣集中在20世纪中国经济及环境史。——译注

第三章

寻"道"

作为道家和儒家
思想之源头与隐喻的水

Chapter 3

Finding the Way

Water as Source and
Metaphor in Daoism and
Confucianism

治水者,
茨防决塞,
九州四海,
相似如一,
学之于水,
不学之于禹也。

《慎子》

公元前4世纪

"水哉！水哉！"据说孔子喜欢这样惊叹。不过他的追随者徐子不理解他为什么要这样说。水究竟有什么可赞赏的？[1]

作为孔子这位大师最著名的阐释者，公元前4世纪的学者孟子试图对此进行解释。水，他写道：

> 源泉混混，不舍昼夜，盈科而后进，放乎四海。有本者如是，是之取尔。苟为无本，七、八月之间雨集，沟浍皆盈，其涸也，可立而待也。故声闻过情，君子耻之。[2]

这似乎对于我们没有太大帮助，不是吗？灌满雨水的排水沟该如何向我们表明，一位君子对于他的名声到底应该注意什么？

中国古典思想向来如此，无论是儒家思想、道家思想，还是从其他哲学传统中衍生出来的思想。隐喻和关系，逻辑的涌流，都是微妙的，有时又是不可预测的。它们很容易让我们像可怜的徐子一样困惑。不过，它们读起来就像诗歌一样。

先把孟子想要传达的君子品质放在一边，简单地考虑一下这一点——水为孟子提供了君子品质这一意象，因此他才可以对其进行探索。惊讶吗？当然，你可能会说，水是一种变化多端的介质，可以被派作任何用途。它可以狂野而猛烈，也可以平静而清澈。它可以汇集和淤塞，也可以自由地流动。它像一

1 　见《孟子·离娄下》。——译注
2 　同上。——译注

面镜子那样进行反射，它是透明的，或者——像黄河一样——它也可以是浑浊的、不透明的。水可以是短暂的，也可以是永恒的。你可以用它去做任何你想做的事情。

而这正是关键之所在。既是由于水多变的本性，也是由于这一本性在古代中国的日常生活中无处不在，水才成了思考的利器。这种情况并非中国所独有。所有文化都倾向于将他们的物质世界融入他们对生活的隐喻之中，而水则是一种格外丰富而多样的媒介。法国哲学家加斯东·巴什拉[1](Gaston Bachelard)指出了水与神话的很多关联：它可以清洁、净化、滋养并毁灭。那喀索斯[2](Narcissus)在平静如镜的水中放松了自己。雷欧提斯(Laertes)悲叹道："可怜的奥菲利亚(Ophelia)，你喝的水太多了。"[3]诗人斯温伯恩[4](Swinburne)沉迷于浸在水中和游泳，而巴什拉声称这是一种受虐的冲动。后来，巴什拉便将人与水之间的纠缠命名为"斯温伯恩情结"。水有一种卫生学上的道德感，还有一种深不可测的哥特式恐怖。虽然中国人随时都在准备借用水这一意象，但与上述思想相比，这并不算多么非同寻常。

但是，你很难在这个世界上找到另外一个像中国这样的地方，水在思考时是如此不可或缺，尤其是对于伟大的哲学家和

1　加斯东·巴什拉（1884—1962）：法国哲学家、科学家、诗人，代表作有《梦想的诗学》等。——译注

2　那喀索斯：希腊神话中爱上自己水中倒影的男孩，是河神刻菲索斯与水泽神女利里俄珀的儿子。——译注

3　莎士比亚剧作《哈姆雷特》中的情节。——译注

4　斯温伯恩（1837—1909）：英国维多利亚时代的诗人。——译注

诗人来说。孟子的评论虽然晦涩难懂，但它暗示着，水在这个国家所扮演的角色并非表面的或随意模仿的：它似乎体现了指导着儒家思考模式的一些深层原则。对于另一个传统的中国核心哲学体系——道家来说，这一点同样正确。[1]无论在儒家思想还是道家思想中，水并不单纯是一个进行比较和说明的方便工具：水本身就是一种有益的物质，拥有一种道德教育的力量。"上善若水"，老子在道家的奠基之作《道德经》中曾这样写道。

因此，称中国为"水之王国"的意义，并不仅仅在于水决定了中国内务、国民和政治生活的模式与习俗。或者更确切一些，我们可以说，水之所以具有这种社会意义，其原因与它在哲学中的基础性意义完全相同：它的重要性无可否认。"随着时间流逝，"李约瑟这样写道，"中国的整个理论思想逐渐被某些控制水道的思想所渗透，这是中国文明的一个重要特征。"

这才是真正非同寻常的事情。不仅水的日常经验为哲学思想提供了隐喻，而且哲学反过来也影响了实际的事务：在水利工程、国家治理、道德清廉和形而上的思辨之间，形成了世界上任何其他地方都无法比拟的紧密联系。

▶用水书写

"水"是最美丽的汉字之一。它近乎对称，而我们的审美似

1 　关于这一点，曾对中国产生深远影响的佛教也有很多值得探讨的地方。但是，当然，它是外来的。——原书注

乎与之格外协调。它底部的小钩暗示着活力，而张开的"双腿"则给人一种可靠的稳定感。毫无疑问，对学汉语的学生来说，这个汉字的吸引力部分在于，像许多最为常见的汉字一样，它相对简单，只用四笔就能写好。

与金、木、火、土一样，水也是五种传统的中国元素（五行）之一。正因如此，它既代表着一种物理实体，也代表着一种原则或理想。水银的"水"字，代表着流动性。水晶的"水"字，则意味着像水一样清澈而透明。在古代典籍中，水可能指河流或洪水等现象，就像《圣经》中用"水"来指代一种通用的原始媒介，它并不一定是我们用来喝或用来洗澡的那种物质。"神的灵运行在水面上。"《圣经》中这样写道。

不过，在很大程度上，水指的并不是海洋中那规模庞大的物质。即使在今天，对大多数中国人来说，他们所接触到的水也不是大海里的，而是大河里的水、灌渠里的水、山顶上流下来的雨水和雪水。这个汉字本身就证明了这一点：中间似乎是一条非写实的河流，两旁则是限制着它的河道。这一点在商代（约前1600年—约前1046年）的早期文字形式中表现得非常明显：

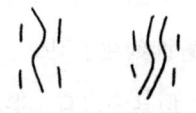

在代表"泉"的符号中，水流从一个源头涌出：

这一结构在现代汉字中仍然保留着,"泉"就是"水"从"白"这个源头流出。

这些早期的象形汉字出现在河南安阳地区发现的所谓的"甲骨文"上,大约从公元前15世纪到公元前11世纪,生活在黄河流域的青铜器时代居民创造了它们。正如我们此前所看到的,将他们归于商文化主要是为了适应中国朝代继承的历史传统,而事实上商朝的国家及社会结构可能并没有那么广阔和庞大。这些商朝百姓的生活朝不保夕。他们似乎从事农业生产,但灌溉对他们来说几乎是完全陌生的。这个群体的范围仅限于豫北到晋东南地区,很可能只是中国北方众多青铜器时代文化中的一种。正是甲骨文的存在,以及其与后来一些文字的清晰联系,使得这个群体在中国文明当中扮演了祖先的角色。

早在数百年前,中国人就已经在安阳地区发现了甲骨,它们被称为"龙骨",当作药材出售。直到20世纪初,考古学家才意识到它们的重要性。他们在安阳发掘了数千片甲骨,都是仪式性的人工制品:龟甲和兽骨,做占卜之用。巫师将它们用火灼烧,然后再根据烧出的裂纹判断吉凶。幸运的是,人们用优美的商代象形文字将巫师的解读刻在了甲骨上。已经有大约4500个这样的文字被识别出来,但其中只有一半被赋予了意义(而且并非完全确定)。

甲骨文常常因其简洁的视觉逻辑而令人愉悦。一条特定的河流,如洹河,会用一个将它的读音(G)与水元素相结合的符号来指代：

水常常被画成几根短线，就像如今漫画和儿童画中的雨一样。因此，"洗澡"就是一个人（亻）在容器中戏水（氵）：

而撒尿则像一幅速写。

这些溅起的水花如今仍保留在"水字旁"[1]中。水字旁（氵）是构成汉字的偏旁部首之一（见下面的《汉字的构成》），通常在汉字的左侧飞溅而起，这些字包括河、江、海、汰、沟以及泯等。溪字旁或称河字旁（巛）同样具有象形文字的特性。

▶汉字的构成

作为一个象形文字，汉字"水"颇不寻常。可以被归类为象形文字的汉字并不多，比如日、月、山、川。现在，大多数汉字

1　为了说明作者对于汉字的认识，这里对偏旁部首的名称采取直译法，而不采取通常所用的"三点水""单人旁"等说法。后同。——译注

都被认为是表意符号：它们的外形并非对它所代表事物的非写实描画，而只是用来指代该事物的符号。

尽管如此，虽然初次接触时，汉字看起来可能像是一些随机的记号，但它们其实有一定程度的组织和逻辑，可以为字义和读音提供线索。书写体系的基本单位是单独的笔画，每一个笔画都是一气呵成，不用把笔从纸上提起来。这些基本的成分构成了特定的偏旁或部首，每一个偏旁部首都有其特定的含义。一些相对简单的汉字，如人、刀，只包含一个偏旁部首。复杂一些的汉字则可能包含若干个偏旁部首，大部分是左右结构或上下结构。在左右结构的汉字中，左边的偏旁部首暗示着字义，而右边的偏旁部首则通常提供有关这个字的读音的线索：它是一个语音标签，而非语义标签。当人们开始认识这些偏旁部首时，汉字就会显露出它们的内在形式和构成，变得更加容易理解和记忆。

偏旁部首通常用在与它们的含义有明显联系的汉字中。有些偏旁部首是对应汉字的缩写，不过它们的关系可能相当模糊。例如，人字旁（亻），是"人"字的缩写，出现在用于表示人群的修饰符"们"中，专门用于人的量词"位"中，还有人称代词"你"中。手字旁（扌），是"手"字的缩写，出现在"打""拉""拖"中。汉字的逻辑结构为那些想学习汉字的人提供了一线希望，不过，这种逻辑存在着局限性：它有时太不明显了，比如，为什么淫（好色）这个字用了水字旁。

尽管如此，汉字的逻辑结构还是可以告诉我们水字旁会在哪里出现。最为引人注目的是，用来表示政治权力和治理的汉字——治，是由表示水的偏旁部首和表示一个平台或舞台的偏旁部首（台）组合而成的，这意味着国家的统治是一个建在水上的平台——简明地阐述了本书的论点。可能并非巧合的是，水字旁还出现在了意为法律（起初意为"标准"，更为宽泛）的汉字"法"中，还有意为恩惠的汉字"泽"中。常见的否定词"没"同时也是一个形容词，意为淹死。

更为复杂的概念往往是通过由两个或两个以上汉字组合而成的词语来表达的。在许多情况下，这基本等同于英语中拉丁语或希腊语词根的类似联姻，因此，正如telephone（电话）是一个连柏拉图都能推断出含义的合成词，汉语中与其对应的词语"电话"所表达的概念，即使是远至宋代的学者，可能都很熟悉——"电"在宋代的意思是"闪电"。就这样，水在与液体相关的各种概念中都发挥了出色的作用：比如水果和泪水〔泪字展示了水滴从眼睛（目）中落下来的样子〕。

▶生命能量

对二元论的偏爱并非中国所独有。代表女性的阴和代表男性的阳，以及与它们相关的许多事物，类似的关系到处都可以见到。这种设定的效用显而易见：两极对立提供了一个尺度，在这个尺度上，各种各样的现象都可以进行组织和排序。这些互补的宇宙力量——冷和热、女性和男性、月亮和太阳——之间

常见的太极图看上去像两个漩涡在流动的水中混合，充分体现了一种流动的活力。

的平衡，促进了宇宙的和谐。当阴阳"交通成和"，公元前3世纪的《庄子》一书写道，"而物生焉"[1]。阴阳符号的起源至今尚不清楚，所以无法确定它所描绘的究竟是什么——但它的流动性，两个漩涡在流动的水中混合，则相当显而易见。《庄子》中的一种解释认为阴阳是水的状态："至阴肃肃，至阳赫赫。"[2]"阴"体现了古老的、跨文化的、水与女性的联系，与"阳"炽烈的男子气形成对比。在813年的一场大洪水之后，唐宪宗认为阴气过重是洪水发生的原因，因此将很多女人都赶出了皇宫，足足用了200辆马车才把她们全部拉走。

在中国所有的思想和艺术表达中，关于阴阳的辩证，有一个角度特别美，那便是山和水的对比。(男性的)山是永恒的，象征着空间；(女性的)水是多变的，象征着时间。山往高走，水往低流。

---

1 引自《庄子·田子方》。——译注

2 引自《庄子·田子方》。原文为"Yin in its highest form is freezing while yang in its highest form is boiling"。作者认为，"肃肃"指水结冰，"赫赫"指水沸腾。——译注

但它们又彼此依存：河流始于山脉，又塑造着山脉。这样，山和水就可以代表整个宇宙。它们既是神圣的地方，也是祭祀的场所，包括(在远古时代)用活人祭祀。孔子在《论语》中说："知者乐水，仁者乐山；知者动，仁者静；知者乐，仁者寿。"你可以争论水和山究竟哪个更好；但是如果想靠水生活，那你得是个聪明人。

阴阳二字有诸多含义，其中包括汉朝学者许慎在《说文解字》(公元100年)一书中提出的河的南岸与北岸。在世界上的大部分地区，这一联系似乎都不够确定，但对中国自西向东流动的河流来说，朝南的河岸是阳光充足的(阳)，而朝北的河岸则处于阴暗之中(阴)——这一区别对河谷地区的农民具有重要的现实意义。

阴阳二元论似乎是在公元前3世纪得到了巩固，在此之前，更为传统的对立是火与水的对立。当然，这两种元素是相似的：都流动，都可以维持生命，但也都可以毁灭生命。它们互为天敌。水和火这两个汉字在视觉上颇为相似：如果组合到一起，它们便可能代表灾难。

火和水都可以自行流动，因为它们充盈着"气"这种重要的特质。关于这种特质的概念在许多古代宇宙学中都有体现，从印度的prana[1]到西方的humours、élan vital或spiritus mundi[2]。然而，

---

1 印度教哲学中的息，生命气息。——译注
2 分别为英语、法语和拉丁语，均为与情绪、精神、力量等相关的概念。——译注

"气"无法简单地进行翻译。汉学家葛瑞汉[1](Angus Graham)提出,"在西方的语境中,我们可以称它为'纯粹能量'"。不过,尽管葛瑞汉学识渊博,但这个说法仍会引起误解:"气"是一个前科学的概念,因此,和许多类似的概念一样,它的首要价值需要依靠直觉来获得。汉学家查尔斯·亚历山大·摩尔[2](Charles Alexander Moore)曾说过:"一些中文术语的意思非常复杂,在英语中没有对应的词,因此只能音译。"记住这句话无疑是明智的。这一提醒在讨论中国哲学时显得格外中肯。

"气"与其他文化中同类观念的最大区别,可能在于它对流动的依赖。在中医体系中,气血畅通是健康之本,同样,健康的水道也是没有堵塞的。《荀子》中写道:"逆气成象而乱生焉。"在"气"这个概念中,有一种与希腊语中"灵"这个概念相同的多重意义,可以被同时理解为"空气""风""呼吸"或"灵魂"。今天,"气"可以被翻译为"空气""气体"或"呼吸"——"天气"的字面意思是"天庭的呼吸"。

但真正提供"气"的基本概念的是水,而不是空气。水具有气的流动性:事实上,据大约公元前4世纪的经典著作《管子》所述:"水者,地之血气,如筋脉之通流者也。故曰:水,具材也。"[3]《说文解字》这本词典将"气"定义为"云气",而"气"字在商代的早期写法正反映了这一点——就像一层层的云盘旋在

---

1   葛瑞汉(1919—1991):英国汉学家,主要研究领域是中国哲学。——译注
2   查尔斯·亚历山大·摩尔(1901—1967):美国汉学家、哲学家、历史学家。——译注
3   引自《管子·水地》。具才:具备一切才能的事物。——译注

空中：

气字的传统形式——氣，也与云、水蒸气和雾有关：它是从正在烹煮的米上升起的真正的"蒸汽"。[1]这就是这种非凡语言的美妙之处。汉字不仅在概念上，而且在视觉上，会偶尔将形而上的东西与现实结合起来，从而在深奥抽象的概念与日常生活之间建立起联系。哲学术语背后的自然隐喻永远不会被忽视，因为写作这一行为展示并强化了它们。

▶向自然学习

按照世界上大多数宗教的标准，中国一直都是个无神论的国家。在某种程度上，中国早期的思想可以被认为是宗教性的，但它所基于的传统可能会被认为是唯心论或万物有灵论。人应该尊敬祖先的灵魂，但大自然中也充满了灵魂：它们不完全是超自然的存在，而是自然秩序的一部分。

虽然有某种至高无上的神存在，但他的角色更像是一个名义上的行政首脑——可以说是创世的监督者——而非一个道德的守护者。这一点反映在使用"帝"这个字来指代他：帝同样用

---

1 在现代的简体汉字中，为了与空气或气体的"气"有所区别，蒸汽的"汽"被加上了水字旁。——原书注

来指代王朝的皇帝。在商代，人们认为是"上帝"[1]控制雨和云。但在整个周代，上帝则一般都被简单地等同于"天"，一种至高无上的、非个人的组织力。我们之前提到的玉皇大帝，粗略地说，就是道家的上帝——或者被认为是上帝的助手和继任者。他被广泛认为是"道"的"三清"[2]之一，即所有存在最初的源头。

这些像神一样的存在所做的事情，与皇帝所做的（或应该做的）一样：他们与邪恶的外部力量——怪物和恶魔——战斗，关照他们的百姓，并对"道"进行观察。他们没有规定道德秩序，也没有为宇宙赋予意义。然而，没有这两样东西，百姓便会无所适从。如果无法得到人格化的智慧，百姓就得去别处寻找自己的根。如果没有最高的道德权威，百姓就会自动找到另一种宇宙目的论。汉学家艾兰[3]（Sarah Allan）解释说，在没有宗教戒律的情况下，中国哲学从自然界中提取出了它所谓的"根隐喻"。中国人使用自然形象来阐述人类思想和行为，《易经》是格外突出的一个例证。通过研究自然，人们可以了解塑造人类社会的力量。在所有能够指导人类行为的自然系统和结构中，水是最有价值的。

在对"道"这一概念的阐释上，我们可以清晰地看到这一点。"道"是道家和儒家思想的核心。虽然西方学者经常把这个

1　在商代，人们将至上神称为"帝"或"上帝"。——译注

2　指道教的三位最高神灵，一般认为包括玉清元始天尊、上清灵宝天尊和太清道德天尊，与此处作者的说法不同。——译注

3　艾兰：出生于1945年，美国汉学家，主要研究文字器物与思想哲学两大领域。——译注

词翻译成"路"或"径",但艾兰认为,实际上水提供了它的"根隐喻"。老子明确地将"道"与水道或灌渠联系在了一起,他有时会用"注"字来指代它[1]。(今天"注"字的意思一般是"注释"或"注意",但它的水字旁泄露了它的根源——它的本义是"倒"或"灌"。)"道"用作动词时可以明确地指代开凿水渠这一行为,这样,流经其中的水便可以得到它自己的"道",从而泽被自然万物。

"道"是无法翻译的哲学概念之一。它意味着一种天然的正确,但缺乏"真理"这一概念的那种确定性及教条主义。这个词与典型的中国概念"德"之间具有某种亲和力。"德"这个概念同样无法翻译,通常会被死板地解释为"道德",实际上把它解释为"美德"可能更为确切。有人将"道"翻译为"一条道路",但看看这个字的古老写法就知道,这种解释是错误的。它所描绘的是一个人站在十字路口的样子:

当"道"作为动词使用时(汉语中名词和动词的区别比英语中更不固定),它具有"领导"或"指导"的含义。但是在那种指导中没有任何约束或强迫:一个依道而行的人不需要保持方向,因为那将自然而轻松地发生。道是由内在的"德"所生发的,就像溪流由泉眼涌出一样。在儒家传统中,有德的君子依道而行,并非出于义

1　指老子在《道德经》中说的"道者,万物之注也"。——译注

务或责任,而是顺其自然。

正因为道是一个故意而又必然模糊的概念,水才成为它无比贴切的一个喻体。

老子说,道像水一样,没有固定的形状或形式。它来自一口永不干涸的井:

道冲,而用之或不盈。
渊兮,似万物之宗。[1]

▶中国人想象中的大海

在赋予万物生命这一点上,道与水具有同样的性质。孔子曾说,"夫水,大遍与诸生而无为也,似德。其流也埤下,裾拘必循其理,似义。其洸洸乎不淈尽,似道。"[2]

正如《庄子》一书中所说,圣人在道中游就像鱼在水里游一样逍遥:

鱼相造乎水,人相造乎道……故曰:鱼相忘乎江湖,人相忘乎道术。[3]

---

[1] 引自《道德经》。——译注

[2] 引自《荀子·宥坐》。最后一句的英文是"Its bubbling up, never running dry, is like the dao",直译为"水翻涌着,永不干涸,像道"。——译注

[3] 引自《庄子·大宗师》。——译注

▶哲学家的时代

希腊和中国哲学的黄金时代同时出现在公元前5世纪至公元前3世纪,这是一个巧合吗?德国哲学家卡尔·雅斯贝斯[1](Karl Jaspers)认为,世界上许多主要文化——不仅是希腊和中国,还有印度和中东——的精神和哲学基础都是在公元前800年至公元前200年左右建立的,他称这一时期为轴心时代。其他一些历史学家则质疑将不同的独立文化联系在一起是否有意义。事实上,希腊和中国的伟大哲学家们(柏拉图、亚里士多德,老子、孔子)同时出现这件事,即使有任何意义,也都被其言论的巨大差异所削弱了。在中国思想中占主导地位的问题,对于西方哲学家来说,几乎完全不像是哲学。

一方面,中国哲学虽然有时高度抽象、深奥而神秘,却从来没有脱离过日常生活。人们可能会期望找到亚里士多德哲学或基督教思想对道德、艺术和社会关系等方面的影响,但这些传统的信仰很少在日常生活中更为实际的方面体现出来:《圣经》不会告诉你如何建一座桥。但是在中国,儒家和道家的思想则在人类活动的各个领域都有所体现。我们可以看到,在明清时期,"儒家工程师"是可能存在的,而孟子对水的隐喻作为人类行为的指南,同样成为水利工程建设的指导原则。

这种基本思想建立在一个极不稳定的政治平台上。中国哲

---

1 卡尔·雅斯贝斯(1883—1969)德国哲学家,现代存在主义哲学的主要奠基人之一,代表作有《历史的起源与目标》《时代的精神状况》等。——译注

学的巅峰与社会动荡和国家间的冲突同时出现。孔子试图解决的有关个人和公众责任的问题，由于现状的脆弱，以及建立一个强大持久的国家的需求，变得更加紧迫。中国的传统历史从公元前8世纪开始就呈现出轴心时代的持续衰落。商朝最多只是黄河流域部落的一个松散联盟，其后的周朝（前1046年—前256年）同样并非一个庞大而稳定的帝国。然而，不可否认的是，周朝与商朝是不同的：它不再是一个临时的部落社会，而是一个拥有铸币技术、灌溉技术以及王位继承制度的文明。最重要的是，周朝的学者还思考了人类在宇宙之中的地位，并形成文字流传后世，而这些思想塑造了后来所有中国人的思想。

在其鼎盛时期，原本以渭水流域为中心的西周，扩张到了中国中部和北部的大部分地区，包括现在的河南、山西和陕西，以及河北和山东的部分地区。这个国家完全配得上帝国之名。但是到了公元前8世纪，统一已经动摇。地震和月食陆续发生，预示着西北方向一个部落的入侵。公元前771年，这个部落洗劫了周的都城，杀死了周天子，并把幸存者赶到了东面的成周（今洛阳）。东周的君主不过是傀儡，对接下来5个世纪里争夺统治权的那些国家没有任何真正的权威。从公元前771年到公元前481—前475年左右，也就是所谓的春秋时代[1]，周王国是由一些小国拼

1　这一时期的名字来源于《春秋》一书，该书记录了从公元前722年至公元前481年的鲁国历史。据说孔子便出生在鲁国，而传统上认为，《春秋》一书正是孔子所著。这个观点无疑是错误的。注意，这本书的成书年代比前文提到的《吕氏春秋》要早。后者的书名是有意要与这本经典著作扯上关系。——原书注

凑而成的。这些小国一直在互相争斗，但始终未造成灾难性的后果。而在春秋时代之后——即孔子去世前后——争斗变得激烈起来，因为这些小国合并成了七个主要的竞争者。这便是所谓的战国时代。在此时期，从黄河以北到长江以南，充斥着各诸侯国之间争夺国家统治权的传奇冲突。

中国最具影响力的两个哲学思想流派都出现在春秋时代。儒家和道家虽然并非完全对立，却被认为是两种截然不同的哲学：前者是世俗的，关注的是人在社会中的行为；后者则是神秘的、冥想的，考虑的是人类在宇宙中的处境。儒家思想是公开的、正式的、规矩的；道家思想则是私人的、本能的、自然的。儒家思想奠定了这个国家的政治和伦理基础，道家思想则引导着创造性的审美和精神上的冲动。尽管如此，有些讽刺的是，这两个学派在成立之初并不像后来那样疏远。事实上，根据道家的传说，孔子曾经师从于老子。尽管现代学者拒绝接受这一观点——他们甚至不确定老子其人是否真正存在，但是，与《道德经》一样，儒家的奠基文本《论语》也是由相当隐晦的短句组成的，为自身的阐释留下了相当大的空间。这种模糊性当然在一定程度上是跨时空和跨大洲翻译的结果。但它肯定也是有意如此，因为优秀儒家学者的特点是强大的判断力，而非固守僵化的规则。矛盾的是，人们向来认为中国文化受到了礼仪、行为和等级等原则的严格约束，但它所根植其中的哲学基础却是如此的不规范。正确的行为并非由某个专横而教条的神祇所强制实施，而是来自内心：来自个人与自然的结合，来自对人类自主能力的信念。

因此,尽管倡导国民义务和孝道观念的儒家思想一直以来都是循规蹈矩者的传统,但它最初并没有主张后来它所代表的那种官僚教条主义。最终,儒家思想成了官员和家庭生活的某种桎梏。宋代的新儒学主要由哲学家朱熹(1130—1200)提出,在其观念中,就连天庭也变成了一种官僚等级体系。至高无上的玉皇大帝通过一层层的中间等级来进行统治,其中的最低一级(土地公)差不多类似于地方上的村官。在这种严格的社会结构中,不存在忤逆的空间,任何不尊重社会习俗的人都将受到羞辱。

不过,那是后来的事情了。最初的儒家思想从道家思想中吸取良多。尽管创作于公元前6世纪的《道德经》被公认为最著名、最优美的道家文本,但是《庄子》这部著作同样对塑造及定义道家哲学贡献巨大。《庄子》成书于公元前4世纪的战国时代,得名于学者庄子。

事实上,庄子并不一定与这本书有关,所有经典文本都具有这个特点。在这里,我要尽情发挥一下我的想象力。我们对庄子仅有的些微了解,完全依赖于司马迁的记载。这位汉朝历史学家选择用水的隐喻来描述庄子作品的影响,这无疑是很有意义的。他说:"其言洸洋自恣以适己,故自王公大人不能器之。"[1]庄子并不完全属于道家:他的思想更加兼收并蓄,同

---

1 引自《史记·老庄申韩列传》。——译注

时又超凡脱俗，有一种质朴的智慧，更有一种强烈的儒家思维。据说庄子出生于当时宋国（今河南）的蒙，后来到了楚国。在楚国，他拒绝接受高官厚禄，理由是这将扼杀他的思想自由。当时，楚威王派两名使臣去见庄子，说要任命他做自己的宰相。两名使臣找到庄子时，庄子正在濮水边钓鱼，他是这样回答的：

吾闻楚有神龟，死已三千岁矣，王以巾笥而藏之庙堂之上。此龟者，宁其死为留骨而贵乎？宁其生而曳尾于涂中乎？[1]

它肯定愿意活着，两名使臣这样回答。于是庄子又说：

往矣！吾将曳尾于涂中。

无论他对钓鱼的热爱是否与此有关，很显然，庄子发现水有利于思考。他曾讲到，当秋天的洪水暴发，黄河涨到了最高的水位时，黄河河神看着对岸，为自己拥有世上最美的东西而感到自豪。但是后来，他沿河来到北海，面对着汪洋之神，终于认识到了自己的位置。庄子告诉我们，道也是如此：学者自以为对道无所不知，但在它的浩瀚面前，他们其实无知又渺小。

1　引自《庄子·秋水》。——译注

庄子对水的执着促使他提出了与自然相关的问题，而这些问题体现了一个正在觉醒的关于水循环及其气象后果的概念：

天其运乎？地其处乎？……云者为雨乎？雨者为云乎？孰隆施是？[1]

《管子》一书则提出了一个非常深刻的观点——水赋予了人类生命和美德：

人，水也。男女精气合，而水流形。[2]

《管子》详细阐述了水是如何成为万物生命力、繁殖力和有机组织的源泉：

(其)集于天地而藏于万物，产于金石，集于诸生，故曰水神。集于草木，根得其度，华得其数，实得其量，鸟兽得之，形体肥大，羽毛丰茂，文理明著。万物莫不尽其几，反其常者，水之内度适也。[3]

《管子》的作者认为，水调节着事物和生物的内在属性，这一

1　引自《庄子·秋水》。——译注
2　引自《管子·水地》。——译注
3　同上。——译注

观点使他得出这样的结论:七国人民的性格差异源于其水源质量的差异。换句话说,用水的本质来指代百姓的道德,不仅是一种比喻,更是一个事实。这就使得统治者更要确保自己国家的水是统一而纯净的,这样他的臣民才能生活在和谐与美德之中:

……唯知其托者能为之正。……是以圣人之化世也,其解在水。故水一则人心正,水清则民心易。一则欲不污,民心易则行无邪。是以圣人之治于世也,不人告也,不户说也,其枢在水。[1]

▶行为哲学

儒家哲学的世俗化,就是中国本身的世俗化:它展现出对日常生活事务和社会结构的实际关注,而忽略抽象的形而上学问题。这种关注相当值得赞赏。在战国时代,艺术和文学表达的重点不在于希腊人那样的个人英雄主义行为,而在于将人类定位成一个秩序井然、等级森严的官僚制度下的社会生物,承担着特定的义务。个人获得荣誉不是因为他们的军事成就,而是因为他们的社会和道德操守:他们不是强大的战士,而是模范的管理者。

我们有理由相信,与老子相比,孔子是一个真正的历史人

---

[1] 同上。——译注

物。根据传统的传记记载,他在公元前551年左右出生于鲁国的一个贫苦家庭。起初,他曾在政府中担任一个低级职位,但因君主的玩忽职守而大失所望,愤而请辞。其后,他成为一名教师,开始周游中国,阐述自己的思想。极具洞察力的历史学家约翰·凯伊[1](John Keay)直言不讳地总结了孔子的一生:"他的后辈很少像他这样胸怀宽广;如此惨淡的职业生涯也很少得到如此普遍的尊重。"可能还会有人补充说,这样一个有影响力的思想流派也很少在这样无望的土壤上产生,因为新兴的儒家思想几乎没有超越其竞争对手们的前景。它之所以最终能够成功,也许是因为它的早期拥护者有能力对教育大纲进行垄断:这是成为正统观念的最佳方式。

正如我在前文中所说,作为儒家思想的核心,礼节和礼仪的概念(礼),起初并非后来它所成为的那种空洞而仪式化的形式主义。我们不妨将其与《哈姆雷特》中波洛涅斯的"对自己要真实"进行比较:这位绅士不是按照某种固定的规则行事,而是出于真挚的情感。个人的表达不应被肤浅的形式所掩盖,个人的原则当然也不应因对权威的尊重而受到损害。孔子写道,"丧,与其易也,宁戚。"[2]只是对于他的一些追随者来说,传统、礼仪和孝道都成了义务。

这一实用主义哲学的核心是对"道"的追求。道并不神秘:

---

1 约翰·凯伊:英国历史学家、记者,主要研究领域为印度史、中国史。——译注

2 引自《论语·八佾》。——译注

它只是通向和谐、满足和顿悟的路径,换句话说,是通向健康而有意义的生活的路径。关于道,没有什么是固定的或注定的:它取决于环境,因此人的行为也应取决于环境。水倾向于自行找到水平面,实现平衡和静止,因此在儒家思想中,它颇具启发意义。孔子曾说过:"人莫鉴于流水而鉴于止水。"[1]

儒家思想也是一种政治哲学。孔子说,选拔官员应该根据功绩而非出身。他认为,不应对统治者盲目地忠诚和服从;如果统治者偏离了"道",他的臣子们就有责任批评他、质疑他。不满的公仆们经常会援引这一原则——不过这对他们来说是危险的,因为皇帝们很容易忽视这一原则。

因此,儒家的国君或皇帝,既是国家的公仆,也是国家的统治者:他借以维持自己地位的,不是权力,而是美德。公元前5世纪至公元前4世纪的学者墨子曾详细阐述过这一原则。他强调说,好的统治者,意志与天庭的意志一致。如果他违背了天庭的意志,那么"天降寒热不节,雪霜雨露不时……疾灾戾疫,飘风苦雨,存臻而至者,此天之降罚也"[2]。孟子严厉地批评了那些恣意妄为的君主;他称赞尧和舜有效地治理了大洪水,是完美统治者的历史范本。

孟子对儒家思想的贡献非常之大,几乎堪与其创建者相比。和孔子一样,孟子也来自如今的山东地区。他出生在小国邹国,

---

1 引自《庄子·德充符》。——译注
2 引自《墨子·尚同中》。——译注

后在齐国成为专职教师和政府官员。孟子以乐观的人性观作为儒家思想的根基,他认为人性本善,而这在本质上是一种人本主义态度。记录其言行的《孟子》一书由他的弟子编纂,并被广泛认为是儒家思想的真正基础。据这本书记载,他曾与一位名叫告子的学者发生争执。告子说:"性犹湍水也。"

决诸东方则东流,决诸西方则西流。人性之无分于善不善也,犹水之无分于东西也。[1]

孟子回应道:

水信无分于东西,无分于上下乎?人性之善也,犹水之就下也。人无有不善,水无有不下。今夫水,搏而跃之,可使过颡;激而行之,可使在山。是岂水之性哉?其势则然也。人之可使为不善,其性亦犹是也。[2]

艾兰说,可以认为孟子是这场争论的胜利者,"因为他比告子更了解水"。然而,孟子的话同时还暗示着,试图通过"筑坝引水"来迫使水逆势而行是非自然的,甚至是不道德的。

---

1 引自《孟子·告子》。——译注

2 引自《孟子·告子》。——译注

▶第一个皇帝

孟子的乐观看法并没有解决人性的问题。在公元前3世纪的儒家学者荀子看来,"人之性恶,其善者伪也"[1]。既然如此,就不能任由人自己思考和行动,需要由坚定的权威对他们进行统治,并要求他们严格遵守正确行为的原则。正确的行为即儒家所谓的"礼"。这种"礼"并非来自"道",而是流行的社会习俗给人带来的影响。经荀子解读的儒家思想成了独裁统治的借口,荀子的弟子们构建起法家哲学,成为秦朝严酷统治的思想基础。

秦王政对他的对手进行了残酷的军事镇压,起初这似乎预示着战国动荡之后的和平与稳定。秦国位于渭水流域,即今天的陕西地区。公元前221年,秦王政打败位于今山东省的齐国,消灭了最后一个对手。随后他成为秦始皇,统一了整个中国。

一些词源学将"中国"(China)这个名字追溯至秦朝(发音为Chin),所以你可能会认为这个朝代在中国历史上有着非常特殊的地位。但是,秦始皇死后不久,这个统一的国家便不复存在了——四年后,秦朝毁于一场叛乱,而历时更久的汉朝(前206年—220年)则从这场叛乱中诞生了。在今天的中国,很少有人喜欢秦

1　引自《荀子·性恶》。对于后半句,作者的理解是,"人身上的优点都是后天训练的结果"。——译注

朝。据说，秦始皇是一个"豺声，少恩而虎狼心"[1]的暴君，他用残暴的武力统治这个国家。由于我们对秦朝的了解大多来自司马迁，而他的写作是为了证明汉朝统治地位的正当性，所以，关于秦始皇的记载很可能是不公正的。但毫无疑问的是，他的确是一个暴君，他对这个新国家的安全问题的偏执，驱使他走向了极端。

所有的新朝代都致力于从历史和宇宙的角度确立其正当性。当东周走到分崩离析的最后一步时（实际上，它已经衰落了几个世纪），齐国哲学家邹衍用五行的黄道带顺序——土、火、水、木、金——来解释东周君主的大权旁落。他写道："五德之次，从所不胜。"[2]因此，商（金）取代了夏（木），周（火）征服了商（金）。这和中国的生肖一样，是一种自然的、不可避免的演替，而且会有天象作为预兆：在周崛起之前，"天先见火"[3]。同样，邹衍写道，"代火者必将水"[4]。于是，水便取代了火：秦的标志性元素正是水。五行中的每个元素都有其关联属性，比如颜色：水是黑色的，因此黑色便成了秦始皇的礼服和旗帜的色调。

但是，如果水真的是秦朝国家活动的"范本"，这个国家可并没有显示出道家和儒家所推崇的水那种温柔、映照和顺从的本性。相反，法家为这个好战而墨守成规的独裁政权构建了一

---

1 引自《史记·秦始皇本纪》。——译注

2 《淮南子·齐俗训》高诱注引《邹子》，作者的理解是，"每种元素都无法战胜它后面的那种元素"。——译注

3 引自《吕氏春秋·应同》。——译注

4 同上。——译注

个哲学框架，在这个框架中，孔子或老子的人文主义并无立足之地。秦朝的法家对儒家和道家的思想进行了剽窃与改写，用以支持一种脱离民众、脱离道德的思想。他们鼓吹战争，鼓吹屠杀被征服的百姓；《司马法》中说要"攻其国，爱其民"，而法家则既攻其国，又攻其民。统治者用以维持统治的，不是美德，而是一种叫作"势"的力量，它既意味着一种合法性或力量，也意味着统治者继承而来的政治"局势"（"势"这个字的现代意义）。它是一条严格的"法"规，因此才有了法家思想这个术语。法家哲学为残酷镇压批评者和反对者提供了一种形而上的正当理由。不符合法家治国模式的书籍统统被烧毁；许多珍贵的文献、哲学著作和诗歌都永远遗失了。不与法家同流合污的学者境况同样凄惨。属于水的季节是冬季，一个黑暗而艰难的时期——而秦朝所呈现出的正是这样的形象。

对秦始皇来说，水才是力量，而不是知识。他甚至将黄河重新命名为"德水"，即"力量之水"[1]。为了在死后安葬自己的遗体，他在咸阳（今西安）附近建造了一座巨大的陵墓——根据司马迁的记载，他的遗体被放置在一个巨大的房间里，周围环绕着一个缩小版的国家：这是在宣称皇帝将在来世继续他的统治。据说，这里的河流和湖泊永远不会干涸，因为它们的水是由水银构成的：从四川和陕西的朱砂中提炼出来的水银。司马迁是

1 　此处应为作者误读。——译注

这样写的:"以水银为百川江河大海,机相灌输。"[1]

除了宏伟的陵墓,秦始皇还强迫他的臣民参与其他大工程。他将北方边境现存的零星防御工事建成了长城,还在南方开掘了连接长江和珠江三角洲的灵渠。秦朝政府坚持认为,个人必须不顾自身利益,为了国家而生,为了国家而死,为了国家而劳作,应该毫无怨言地忍受苦难,并屈服于惩罚的威胁。这完全违背了孔子所说的有德领袖的职责。公元前209年,当一场起义终于爆发时,儒家和墨家都站出来表示支持,称皇帝已经被剥夺了皇位。起义军的首领是一个名叫刘邦的农民[2],他于公元前202年成为汉朝第一个皇帝(即汉高祖),从此,儒家思想重新成为国家的道德哲学。

▶治国之道与水之道

"上善若水。"一旦你接受了道家的这一箴言,其他的一切便都将随之而来:当水被赋予了美德时,对水的控制便是道德的源泉。水知道它的正确路线,同样,人也本能地知道为人的正确之道。

有一个汉字被用来描述这种走正道的自然趋势,那就是

---

[1] 司马迁的描述长期被视作言过其实,但过去几十年来的测试显示,在那些尚未进行考古挖掘的古墓上方,土壤中积聚着高浓度的汞。秦始皇是否真的在他明镜般的"力量之水"中间躺着,我们可能永远都不会知道,因为除了那些为了保护秦始皇的灵魂而建造的兵马俑墓坑,考古学家并没有计划对陵墓本身进行探索——而且,一些考古学家怀疑其墓室早已坍塌。——原书注

[2] 刘邦只是当时的起义军首领之一。——译注

"归"；它暗示着一种回归，即对自然的顺从。它也被用来表达人们是如何被一位公正而高尚的君主所吸引，一个女人在婚后是如何向她丈夫的家庭进行转型，以及一条支流是如何流入大河，或一条大河是如何流入大海的。换句话说，这些非常有助于社会稳定的社会规范，在明确地成为自然秩序的一部分之后，得到了鼓励。

水总是找到最低的水平面，然后便静止下来，这是道德教育的另一个源头。毋庸置疑，这并不是说人应该躺在地下室的床上，而是说人应该找到一种持久的、稳定的道德。静水的静，是正义的象征，也是制定法律的范本。通过寻找最低点，水展示出了它的谦逊。正如老子所说：

江海所以能为百谷王者，以其善下之，故能为百谷王。是以欲上民，必以言下之；欲先民，必以身后之。[1]

低即是强——这一观点暗示着性别的地位。较低、较强的河段被认为是阴性的，而《道德经》坚持认为"牝常以静胜牡"。[2]

1　引自《道德经》。——译注
2　牝代表阴、雌性；牡代表阳、雄性。不过，《论语》重申了传统的男性为尊思想，声称君子会避开河流下游，因为"天下之恶皆归焉"。这种与人相关的隐喻在中国的水意象中比比皆是。——原书注

静止的水变成了一面镜子，而名为"监"[1]的盛满水的容器，则在仪式中被用作镜子，可以从中看到事情的真相；"监"有时还会被用作陪葬品，这样一来，水面可能会成为阴阳两界之间的门户。静水那明镜一般的清澈，也提供了一种关于圣人心境的意象(在中国古代，心被认为是负责思考的器官)。正如庄子所说：

水静则明烛须眉，平中准，大匠取法焉。水静犹明，而况精神！圣人之心静乎！天地之鉴也；万物之镜也。[2]

"心"同样意味着一种潜能。孟子说，心是四德之端[3]，这一形象从生长与绽放的角度，把人与植物联系了起来。善良的儒家统治者善用他的"德"来滋养其子民之心。而正如河流是否纯净取决于它的源头，政府是否纯净也取决于它的最高领袖。(当然，这正是问题所在。)

静止、柔软、平静、清澈：这些在西方也是水的"女性"属性。但道家思想一个吸引人的特点是，它的内涵是积极的。正是因为水适应性强，柔弱而易顺从，总是在寻找阻碍最少的路径，所以它实际上是不可能被打败的：随着时间的推移，它可以战胜最为坚硬、最难熔化的物质。出于同样的原因，一个领导者也必须适应"容纳"他的容器——人。这种顺从、适应并且保

1　"监"是"鉴"的古字，始见于甲骨文，其字形像人俯首在盛水的器皿里照脸：🝆。——原书注
2　引自《庄子·天道》。——译注
3　作者认为"端"字在这里意为"萌芽"，所以有下文植物一说。——译注

持平静的能力,是道家最强有力的原则之一,却极难获得。《道德经》说:

天下莫柔弱于水,而攻坚强者莫之能胜,以其无以易之。弱之胜强,柔之胜刚,天下莫不知,莫能行。

这一原则所要求的被动性被称为"无为",字面意思是"什么也不做"。如果你找到了"道",那么你便不需要再做任何事情:大自然会遵循天然的道路,人们会跟随有德的领导者,世界会变得和谐。庄子说,明智的统治者不是不"为",而是遵循一条干预性最小的原则,后退,让百姓自己采取正确的行动。儒家学者荀子也曾阐述过这一自然主义观点,他说:"修道而不贰,则天不能祸。故水旱不能使之饥"[1]。

在皇帝放手不管的情况下,治理国家就对负责日常事务的大臣们的个人能力提出了更高的要求。这就是神话中尧提拔舜时所遵循的精英原则为何始终非常重要的原因。在汉武帝统治时期(前141年—前87年),汉廷开始通过考试来选拔一些政府官员,考试的内容是儒家经典。这一程序在唐代正式确立,并得到了更为全面的发展。之后,它一直延续到了20世纪初。原则上,这种公务员考试对所有人开放,然而在实践中,教育的成本和多年专注于此的奢侈,意味着大多数官员来自相对富裕

1　引自《荀子·天论》。——译注

的家庭。到1000年，估计已有13万名政府官员，他们按照严格的等级制度组织起来，形成了复杂的官僚体系。中国似乎一直认为这种体系不可或缺。这些官僚们受过良好的儒家经典教育：即所谓的四书五经，其中包括《易经》《论语》和《孟子》。这一教学大纲所传授给这些官员的，是如何成为一位君子。

这具体是什么意思呢？在西方，贵族一般是由出身决定的，而儒家的君子则未必全都出身高贵。他的地位来自他的姿态：他所展现的高尚、人道的行为。原则上讲，任何人都可以成为君子——虽然出身的优势不可避免地增加了成为君子的机会，但这种平等主义的理想确实偶尔意味着，出身卑微的人也可以取得荣誉。（当然，这并不能说明女性也有跻身类似阶级的机会，这一点在古代中国和在世界其他地方一样令人遗憾。）

如果一位君子向孔子寻求指引，那么孔子便会将他引向水。一名门徒曾经问孔子，为什么君子见到大河时，总是要凝视它。孔子把水比作"道"，回答说：

若有决行之，其应佚若声响，其赴百仞之谷不惧，似勇。主量必平，似法。盈不求概，似正。淖约微达，似察。以出以入，以就鲜絜，似善化。其万折也必东，似志。是故君子见大水必观焉。[1]

---

[1] 引自《荀子·宥坐》。——译注

也许现在我们可以理解孟子在他的警告中所要表达的意思了,在这一章的开头,他提到了夸大名声的危害。存下来的雨水得不到补充,迟早会干涸。所以如果一个人的名声超过了他本身的能力,而没有什么可以对其持续地进行维护,那这名声也迟早会被耗尽,从而使他失去获得成功的资源。一个人的行为只有在获得"道"的滋养时,才会持续地有益于自身。

要在这个国家生存,还有一个方子。孟子认为,政治和自然一样,也有季节更替的规律,所以每隔几个世纪就会发生一次朝代更替,这就像每年夏天雨季的到来一样不可避免。但是孟子的书是写给帝王们看的,帝王们权倾天下,可以在一张大画布上来思考历史。相反,在东周王朝陷入混乱的那个时代,老子的听众只是一个身陷生存困境的小国王子。老子说,诀窍就是模仿水:顺从、迂回、适应环境,寻求天然的路径。这位圣人建议说:"善胜敌者不与。"[1]意思是善于战胜敌人的人不要去面对敌人。

然而,这是一个明智的建议吗?这一问题成为几个世纪以来中国政治生活的核心选择:是该通过强制手段夺取并维持权力,还是该放弃控制去遵循"道"?

---

[1] 引自《道德经》。——译注

第四章

权力的渠道

水道如何塑造了
中国的政治景观

Chapter 4

Channels of Power

How China's Waterways
Shaped its Political Landscape

甚哉,
水之为利害也。

司马迁

公元前2世纪

1687年，法国耶稣会士李明[1]（Louis Le Comte）奉路易十四之命来到中国，这里的诸多水道令他印象极为深刻。他写道：

虽然中国自身并不像我所描写的这样富饶，但是仅凭纵横其上的那些运河，便足以使富饶变得可能。除了在灌溉和贸易方面的巨大作用之外，这些运河还为这个国家增添了许多魅力。水流清澈而深邃，轻柔地向前滑行，基本察觉不到它的动作。

自马可·波罗开始，欧洲旅行者的关注点似乎全都聚焦在中国的水道上，而非这个国家的其他任何特征。李明接下去写道："中国人说，他们的国家曾经被洪水淹没，于是他们便人工挖出这些运河把水排干。"这个说法在某种程度上把人工开凿运河与传说中禹对天然河流的治理混为了一谈。"如果这是真的，那我实在太敬佩中国劳动人民的勇敢和勤劳了，他们开凿了宏伟的人工河流和某种内海，创造了世界上最肥沃的平原。"

今天，大运河，这条从曾经的南宋都城杭州通往北面2400公里处的北京的人工运河，并不总是给这个国家增添美感。它是一条商业航线，像中国几乎所有的河流一样，两旁都是工厂，并遭受着有毒重金属的污染。不过我们不难发现，李明一定很

---

[1] 李明（1655—1728）：法国人，耶稣会传教士。1687年受法国国王路易十四派遣来华传教，被授予"国王数学家"、法国科学院院士，著有《中国近事报道》《论中国礼仪书》等作品。——译注

欣赏这些水道。在杭州以北的江苏省苏州市，一座座木质房屋背后，有一道道向下的石阶通往水边，带有半月形桥拱的梯形石桥，看上去与300年前没有什么区别。

正如李明所看到的，灌溉是复杂的水系在中国景观中所起到的重要作用之一。但它们最为重要的用途是充当通讯、运输和电力的渠道。式样简洁的中国船舶来往于水道之中运输粮食，不仅是为了供养百姓，更是为了满足北方都城里帝王们的需求。据称，大禹制定了"朝贡"制度，要求大量从南方运粮，以供朝廷和军队使用。河流和运河是这个专制国家的静脉与动脉，跟百姓一样，政府也需要对它们进行管制及控制。

早在更为古老的时代，中国人便有了这样的认识。在讨论国都的选址时，宰相管仲对齐桓公解释说（见于公元前4世纪的《管子》），对水的管理是维持社会秩序的关键。他说，自然界中有"五害"，包括干旱和瘟疫，但洪水是其中影响最大的。不受控制的水既有象征意义，也有现实的影响：它导致了孝道的崩溃和社会关系的瓦解。

这些并非含糊其辞的警告或模棱两可的比喻。这位宰相用具有原始科学性的细节，解释了当沉积物在河湾处不断侵蚀河岸时，河流是如何失控的。接下来，他概述了维护水道所需的官僚系统，每个地区都要配备"习水者"做"水官"。在巴洛克时代的荷兰或维多利亚时代的英国，人们肯定曾经期望过看到这种井然有序的景象。这个系统是准军事化的，管仲没有忽略任何细节，具体说明了这项工作需要多少筐、锹、木夯、夹板和手推车。[1]

一个未能管理好中国水系的统治者,不仅要冒社会衰落的风险,还会将自己暴露在这样的指责之下——上天已对他的统治能力失去了信心。这个说法是由周公旦提出的,他是一个传奇人物,于公元前11世纪帮助他的兄长武王建立了周朝。兄长死后,周公为幼侄成王摄政,而他无可挑剔的行为——抵制住了篡位的诱惑——使他成为儒家思想中贤王的典范。事实上,周公的著作和思想(多由司马迁记录了下来)被广泛认为是儒家思想的真正起源。

周公声称,统治者只有在其德行保证他们得到上天的授权(天命)时才能掌权。夏朝和商朝(记住,周朝取代了它们)的统治者越来越怠惰,所以"天降丧"在商朝的最后一个王身上。然后,"殷既坠厥命,我有周既受"[2]。周公这样说道。

当然,一个领导者声称自己得到了上天的许可,这并没有什么不同寻常。从那时起,起义者和篡位者开始例行地宣称统治者已经失去了天命,以此来为自己的反叛辩解。反之,一个得到了天命的君主(理论上)并不需要把他的权威强加于人;根据定义,他将遵循百姓的"道",从而被百姓所接受。

上天通过自然现象展示王朝的"命"。洪水或干旱是天意不悦的征兆。因此,统治者担心的不仅是这样一场灾难直接的实

1　见《管子·度地》。——译注

2　引自《尚书·君奭》。——译注

际后果，还包括百姓会得出的结论：肯定是权力更替的时候到了。换句话说，不仅是水的泛滥（或缺乏）可能引发社会动荡，而且传统或多或少会将对权威的挑战合法化。由于几乎没有能力控制这些自然灾害，统治者的宝座将摇摇欲坠。周公悲叹道："天命不易……天不可信。"[1]

这就是王莽在篡夺汉朝皇位时所发现的事实。王莽是太后王政君的侄子，曾为汉朝重臣。当汉哀帝（前7年—前1年）死后没有子嗣继承时，太后任命王莽为自己夫家最后一个在世的男性（汉平帝）摄政。在摄政早期，王莽把自己比作周公。但这一比较并不准确：王莽终究对权力怀有企图。五年后，年幼的平帝去世，有人说是王莽毒死了他。之后，王莽亲自挑选了接班人，一个名叫婴的一岁男孩——孩子越小，王莽的实际统治时间便越长。不过，无论如何，在平定了几次叛乱之后，王莽放弃了伪装，改国号为"新"，自立为帝。

这个故事把王莽塑造为一个十恶不赦的反派，而这一观点得到了后来的汉代历史学家的支持。不过，王莽曾进行土地和税收改革，这不仅证明了他的治国才能，也证明了他作为一个统治者的一些真诚而良好的意愿。然而，天（据汉代记载）开始反对他。公元11年至12年，黄河发生了一场可怕的洪水，河道向北移动了数百公里，造成大规模的饥荒和逃亡，社会动荡弥漫到了淮河、汉江和长江流域。王莽的权威从此一蹶不振。公元22

1　引自《尚书·君奭》。——译注

年，一支起义军包围了王莽在长安的宫廷。王莽设计出了各种疯狂的技术手段：由会游泳的马支撑的浮桥、飞人、用来应对军队食物短缺的食欲抑制药丸。一样都没有成功。第二年王莽就被推翻了。两年后，东汉建立。

根据官方编年史的记载，洪水之祸，是王莽咎由自取：他忙于修筑堤坝保护自己祖先的坟墓，却无暇顾及百姓的安危。这一观点传递出的信息非常明确：你若忽视河流，便将面临危险。

▶东方专制和水利之国

因此，天命依赖于对水的控制。这种控制是通过一种等级森严、中央集权的"中国式"官僚体制实现的——这种体制几乎总是与中国联系在一起。简而言之，水塑造了这个国家的政治组织。虽然对于松散的商朝和周朝来说，这种观点是有争议的，但对秦以后的王朝来说，这一点是毋庸置疑的。

只有中国存在这一特性吗？德国社会学家马克斯·韦伯[1](Max Weber)提出，河流是整个亚洲和中东（包括印度和埃及）政治权力的重要组成部分。他写道，在这些王国，"水的问题决定了官僚体制的存在、受供养阶级的公仆义务以及国民阶级对君主官僚体制机能的依赖"。在这个观点看来，并不是说这种中央

1　马克斯·韦伯（1864—1920）：德国著名社会学家、政治学家、经济学家、哲学家，是公认的古典社会学理论和公共行政学最重要的创始人之一，被后世称为"组织理论之父"，代表作有《新教伦理与资本主义精神》《中国的宗教：儒教与道教》等。——译注

集权的统治体系只有通过专制才能发挥最大效用；准确地说，专制统治似乎是必不可少并且不可避免的。在20世纪50年代，德裔美国马克思主义历史学家和汉学家卡尔·魏特夫[1](Karl Wittfogel)提出了类似的观点。正如他所说，"东方专制"建立在"水利文明"之上。魏特夫写道，在自然环境制造出的所有挑战中，"正是不稳定的水环境所带来的任务，刺激人类发展出了社会控制这种水利办法"。法国哲学家尼古拉斯·布朗热[2](Nicolas Boulanger)在他18世纪的著作《专制的起源与发展》中发明了"东方专制主义"这一术语。在这本书中，他断言"自然的革命"——他的意思是洪水等自然灾难——"在摧毁了国家之后，成了新社会的立法者"。

魏特夫认为，对水道的控制保证了对农业生产和分配方式的控制。在欧洲，帝国是靠攻占土地建立起来的；而在中国，这对统治者基本没有好处，除非统治者有办法让土地变得高产。为了开凿灌渠，养护农田，统治者需要动员大量的人手：对劳动力的控制才是真正重要的。事实上，卡尔·马克思本人也曾提出，在古代中国这样一个幅员辽阔、缺乏商业主义的文明之中，只有通过"中央集权政府的干预"，才能完成如此艰巨的任务。

1　卡尔·魏特夫（1896—1988）：1939年起先后任太平洋国际学会和社会问题研究所中国史教授及所长、华盛顿州立大学中国史教授、美国东方学会会员、亚洲研究协会会员，著有《中国辽代社会史（907—1125）》《市民社会史》《觉醒中的中国：中国历史及当前问题概述》等作品。本文中其观点主要引自其《东方专制主义》一书。——译注

2　尼古拉斯·布朗热（1722—1759）：法国哲学家、工程师。——译注

为了控制中国的江河并开发其资源，统治者需要修建规模庞大的水利工程，而在一个没有机械化工具的时代，这些工程所需的人力(有时甚至需要征募女性劳动者)，是欧洲从未想象过的——在封建时代的欧洲，"公共工程"还是个完全陌生的概念。在中国，群众劳动不仅要争取，而且要协调、规训和领导。个人只有在为大众"利益"服务时才有存在的意义。

不仅如此，一个水利之国的庞大建设方案倾向于抑制任何干扰性的影响。不能允许任何机构或组织的势力足以与政府机构匹敌；不能容忍任何对权力的制约。当国家的基础设施如此依赖于政府的支持和控制时，财产权必然是脆弱的——这便意味着，像那种最终挑战了(有时是取代了)欧洲王室和贵族的商人阶级，永远不可能在封建时代的中国出现。商人当然是存在的，他们也可以拥有财富——但他们之所以能做到这一点，是因为他们适应了通过公务员制度获得权力的形势。我们将会看到，在古代中国同样存在着权力的斗争，但这些斗争与西方的斗争有着不同的结构。

这并不是说封建中国的"水利专制"在社会的各个层面都发挥了全部力量。事实上，帝王们没有兴趣这么做。这些领导者认识到，微观管理的收益是递减的：这个体系已经变得过于昂贵烦琐。虽然所有事情和所有人最终都要向国家的首脑负责，但实际上，地区的权力却被下放给了地方官员，他们可以在不承担责任的前提下获得大量好处。在地区领导者们看来，这是一个好制度。如果出了问题，他们可以推卸责任：他们的任务不是解释失败，而是惩罚失败。这种责任的消亡意味着腐败将会盛行，而它的确盛行了。

20世纪30年代曾与魏特夫一起在哥伦比亚大学学习的中国历史学家冀朝鼎详细阐述了这一水利专制理论。他认为，中国的历史大部分都围绕着"关键经济区"展开，这些地区既对农业生产率具有重要意义，又是交通要塞。冀朝鼎说，在这两个方面，这些地区的重要性完全取决于"公共水利工程的发展"。

魏特夫的论点如今通常被历史学家所否定，因为它既没有体现中国历史上水资源管理的复杂性，也没有体现这个国家的目标、动机和能力。例如，大规模的国家项目并非中国和亚洲其他地区成功管理水资源的唯一途径。小规模灌溉的方案从远古时代便已实行，有时是有效的，有时得到国家支持，有时则由区域或地方自治。甚至在没有国家支持或干预的情况下，偶尔也会出现相对大型的水利事业，如清代在广东和湖南进行的填海/围湖造地工程。

此外，统治者们——甚至是他们当中比较专制的——希望建立一个以农业经济和兴旺的贸易和商业网络为基础的稳定繁荣的国家。他们知道，避免社会不安和政治动荡的最佳途径不是铁腕法治，而是建立一个运转良好、安全可靠的社会。无论如何，他们没有办法在这片广阔土地的每一个角落的每一个层面强行施加他们的意志。国家对水资源管理的干预，往往代表着试图将其从腐败而自私的地方权贵手中拯救出来，进行更为合理的安排。

因此，魏特夫的论点鼓励了一种对中国历史简单化的、扭曲的看法。根据这种看法，一个无所不能的独裁官僚体制阻碍了这个帝国发展经济的能力，并注定了这个帝国的萧条。这种看法认为商人只能在繁重的税收负担下苦苦挣扎，其财产权得不到保障。但这一图景，与宋、明末、清初等几个时期经济的蓬勃发展并不相符。魏特夫没有认识到，国家有时会通过行政干预来促进工业和经济的增长，尤其是刺激相对偏远地区的发展。

然而，魏特夫的论点从未真正消失过，这无疑是因为它承认了一个关于中国治国方略的不争事实：水对中国来说至关重要，水的管理、控制和获取模式一直在塑造着这个国家。历史学家彭慕兰[1]（Kenneth Pomeranz）说，水利专制这个形象"早就不可信了，但仍保留着一些核心事实"。或者就像政治学家安德鲁·莫萨[2]（Andrew Mertha）所言，"(魏特夫)思想的总体轮廓始终是强大而直观的"。

毕竟，魏特夫关于水利工程和国家建设之间的联系的观点，同样可见于中国神话。德国汉学家卫德明[3]（Hellmut Wilhelm）指

1　彭慕兰：出生于1958年，美国人，著名历史学家、汉学家，代表作有《腹地的构建：华北内地的国家、社会和经济（1853—1937）》《大分流》等。——译注

2　安德鲁·莫萨：美国人，芝加哥大学博士，主要研究领域为中国和柬埔寨政治。——译注

3　卫德明（1905—1990）：著名德国汉学家，生于青岛，1948年赴美定居，任华盛顿大学东方学院教授，著有《中国思想史和社会史》《中国的社会和国家：一个帝国的历史》等作品。——译注

出，禹的传说融合了中国农业社会的两个重要特征：对水道的管理以及管理中所需的对劳动力的组织。李约瑟对一个中国繁体字"潤"进行了推测性的趣味解读，这个字的意思是灌溉。通过将水字旁和"門""王"两个字组合在一起，"潤"暗示着"灌溉"就是水流过由"王"控制的"門"。(今天这个字通常意味着"获利"，这也给了我们一些启示：谁控制了水，谁就能收获利益。)李约瑟认为，传说中失败的水利工程师共工和鲧，代表着试图用集体主义社会取代封建王权的叛乱者。如果真是这样，那便意味着一旦缺乏强有力的领导，社会就会陷入类似洪水引发的那种混乱。从这个意义上说，长期以来，水资源管理问题一直反映着在创建和维系一个稳定国家的过程中所存在的挑战与紧张：例如国家与地方权力中心(如军阀或富豪家族)的发展之间的冲突，通常，水利资源都控制在后者手中。

因此，魏特夫过于严谨的论点背后，隐藏着一个更深层次的真相：中国的水资源管理创造了一种政治语言，而这种语言支持了统治的合法性。今天，这种水的语言仍持续影响着中国政治。为了维护国家的合法性，已有很多大规模工程陆续落成。而对其进行批评的人士必须正视这样一个事实——坚持这种方法并不仅仅是由于惰性或对权力的渴望；在中国，人们始终有一种根深蒂固的、发自内心的恐惧：更换治理方式，无论是治理水还是治理社会，都将导致社会解体。

改造环境以服务社会，是中国的一项悠久传统，具有道德教育的力量。例如，灌溉是政治哲学的一个组成部分：我们在前面已经看到了，在儒家思想中，它是如何被用来阐明社会规范的。民间有一些寓言能够强化这种具有集体意识的行为，其中最熟悉的一则用"移山"的故事歌颂了集体行动的力量。传说，从前有个叫愚公的老人，住在冀州和河阳之间、太行和王屋两座大山对面的北山下。由于山区北麓阻塞，行人不得不绕行很远。愚公为此而焦虑，把全家人叫到一起，建议大家挖出一条路来。儿子们和孙子们喜欢这个主意，但他的妻子表示反对，说愚公连移动一个小土堆的力气都没有。再说了，他们该把挖出来的石头和泥土放在哪里呢？愚公和他的儿孙们没有被吓住，他们拿着鹤嘴锄出去，开始在岩石和土壤上刨挖。有个邻居嘲笑愚公，说他把人生的最后几年花在这个徒劳无功的计划上，简直是个傻瓜。愚公回答说，事实恰恰相反，他肯定会成功。当然，他或许活不了多久了——但他有儿子，他的儿子们也有儿子，他的儿子们的儿子们又会有儿子。他的子子孙孙无穷无尽，山却不会变高变大，所以，他的计划肯定能够成功。听了这话，他的邻居没有回应。

事实上，愚公的话似乎确实无可辩驳，因为他的哲学在中国历史上已经一再得到了验证：只要有足够的人力，一切皆有可能。但是，愚公这个故事的意义尤为深刻。它坚持的是，在人类的决心面前，大自然是可塑的。我们可以重塑这个世界，让它来适应我们。

▶挑战河神

汉武帝在公元前111年下诏称,"农,天下之本也;泉流灌浸,所以育五谷也"[1]。不过,这封诏书里又说,虽然这个国家有无数的河流,普通百姓却不知该如何利用好它们,因此,政府要负责"通沟渎,畜陂泽",即开凿运河、沟渠,建造堤坝、水库。

灌溉是所有古代农业文明的必要条件,在一个以水稻为主要作物的社会中,灌溉工作尤其复杂而繁重。秧苗长到十几厘米高,就必须插进水田里。等它们长得更大一些时,要把水抽干,到开花的时候再灌回来。14世纪的一份公文解释道,稻农建造了地面储水罐和水库来储水,建造了堤坝和水闸来挡水。这种灌溉装置必须足够坚固,要能够抵御季节性洪水,而且只能依赖于靠重力驱动的水流。它竟然能够起作用,这真是一个奇迹。

遍布东南亚的灌溉梯田是几代人劳作的成果,而水稻种植作为一种劳动密集型的生产活动——如果山坡妨碍了机械化生产,至今有时仍由人力完成——需要农业家庭邻里之间的鼎力相助。普遍认为,正是在这一古老传统的影响下,才诞生了水稻种植文化中根深蒂固的社会合作与协商模式:它使中国南方的稻农在心理上与北方的麦农明显不同,稻农更倾向于整体

1　引自《诫内史稻田租挈诏》,见《汉书·沟洫志》。——译注

的、相互依赖的思维模式。

灌溉对于所有谷物的种植来说都是必不可少的，许多最为古老的水利建筑都主要致力于灌溉。目前已知中国年代最久的公共灌溉工程是位于安徽省的"芍陂"[1]，在公元前6世纪由楚庄王修建。为了响应上文所述由汉武帝在公元前111年颁布的诏书，人们修建了龙首渠[2]来治理黄河的一条支流——位于今河南境内的洛河。修建它花了十年的时间，但它从来没有发挥预期的作用。尽管如此，司马迁还是记录下了汉代水利工程的功劳："至于所过，往往引其水益用溉田畴之渠，以万亿计，然莫足数也。"[3]

但司马迁又说，灌溉并非修建运河的首要原因。除了防洪和灌溉之外，塑造及控制水系的第三个动机——通常也是优先考虑的动机——是它们的交通价值。沿水道进行的，不仅是粮食和其他商品的运输，还有军队的征服之旅。早在战国时期，敌对的诸侯国便竞相修建并控制代表权力的运河。最早的人工运河之一邗沟，其历史可以追溯到公元前486年，是由吴国所修建的。吴国占据了中国南部长江三角洲一带的沿海地区，其开凿邗沟的目的是在淮水和今天扬州附近的长江之间创建一条军事航行路线。而在建成之后不久，邗沟便被延伸到了黄河流域。

---

1 又称安丰塘，引淠入白芍亭东成湖，是一座水库。——译注

2 原文为"Longgu Canal"，但汉武帝所修通洛河的运河实际为龙首渠，建于公元前120年至前111年，此处应为作者参考史料有误。——译注

3 引自《史记·河渠书》。——译注

大约一个世纪后，位于黄河中游的魏国的工匠们修建了鸿沟[1]，将都城开封附近的黄河与淮水支流汴水和泗水连接了起来。开凿这条运河最初主要是为了防洪，但在汉朝（当时将其称为汴河），它成了一条主要的交通路线。

秦王征服并统一列国的计划中，也包括雄心勃勃的治水工程。其一是郑国渠，位于今天的陕西西安附近。这条运河连接了渭水的北部支流泾水和洛水，用来灌溉二者之间的平原。据司马迁记载，它有一段奇特的历史。郑国，修建这条运河的工匠，也是其名字的由来，是韩王派来游说秦王的间谍。韩国听说秦国热衷于水利工程，认为这么一个大工程将会牵扯住对手的精力，转移其征服自己的念头。然而，施工进行到一半时，骗局被识破了，韩国间谍郑国面临着生命危险。不过他辩解说，虽然他起初的建议是一个骗局，但现在他认为，这条运河会给秦国带来真正的好处。无论这一说法是出于真心还是为了保命，总之它成了现实。这条运河为秦国创造出大片适合耕种的土地，据说还出产了大量的粮食。秦国从此繁荣昌盛，国力强大，最终将对手一一击败。[2]

秦国著名的三大水利工程之二位于今天的广西南部：一条名为灵渠的运河。它连接长江支流湘江和通往珠江的漓江，由此创建了一条直通广州港的路线。沿着这条水路，来自中国最

---

1 有人认为鸿沟开凿于公元前6世纪，但并没有明确证据支持这一说法。——原书注

2 尽管如此，这条运河仍然存在淤塞的问题，到了汉朝，政府不得不将其改道，并在泾水上游增加新的线路——这使得汉武帝基本没有多余的资金来进行其他水利工程。——原书注

南端的进口商品，如硬木、铜、锡、朱砂、毛皮、盐和海鲜等，便可以运到北方了。

秦国的第三个水利工程最为著名。在秦统一中国不久之前，一位名叫李冰的秦国官员受命灌溉位于今天四川省的成都平原，也就是当时的蜀郡。李冰在长江的支流岷江（当时被认为是长江的源头）上修建分水堰，把这片平原变成了一个高产的地区。

李冰的灌溉方案独具特色。为了在不破坏岷江水流的情况下引水，他把水道一分为二。主水道叫外江，浅而宽，另一条水道叫内江，深而急。这样一来，在旱季，大部分的水将会进入内江，在洪水来临时，则只有小部分的水进入内江。内江的水再经过不断分流，进入由堰和水闸控制的小型灌渠网络。江水的分流发生在成都附近的灌县，李冰在这里的江心建造了一座人工岛。根据其形状，它被称为"鱼嘴"，是将装满石头的竹笼沉进江里筑成的。

从江中分出的人工水道也被用来驱动脱壳和碾米的水车，以及为纺织机提供动力。这个系统被称为都江堰，"所有河流的堰"，现在，它所在的整个城市也叫都江堰。为了修建它，李冰需要削掉江畔的部分高崖——即玉垒山的基座——由于当时还没有发明火药，他便加热岩石，然后浇水使其爆裂，最终完成了这一任务。与这一壮举本身或许同样令人印象深刻的是，李冰并不需要强迫百姓劳作，建造过程中也没有死亡的记录，这是它与中国古代其他几项大型工程的不同之处。当时修建的许多大型水利工程都需要持续的维护与修理，如今要么已被重建，要么已被废弃；而巧夺天工的都江堰却至今仍发挥着作用，并且几乎未加丝毫改动。它现在是联合国教科文组织的世界遗产，美景与功能兼具。

都江堰系统就秦对蜀的统治而言至关重要，因此对于中国的统一也至关重要。但四川人似乎并无怨恨，因为在暴秦的诸多官员之中，像李冰这样受到尊敬的屈指可数。他非同凡响的水利计划使成都平原肥沃富饶，从而令蜀成为繁华之地。李冰加入了中国历史悠久的"水英雄"行列，成为一位被神化的工程师；他治理岷江的故事也就此成为传奇。

蜀的河神非常残忍，要求每年在岷江中溺死两个童女作为祭品。据说李冰打破了这一规矩。按惯例，牺牲者的家属会得到一大笔赔偿金，但当新长官李冰被告知需要去筹集这笔钱时，他坚称没有必要。因为他自己有两个女儿，可以让她们去做河神的下一任"新娘"。

时间到了，两个女孩衣着华丽，准备迎接可怕的命运。李冰大步走到岷江岸边河神的宝座前，洒酒为奠，说："今得传九族，江君大神，当见尊颜，相为进酒。"但是河神没有出现，李冰又大声喊道："江君相轻，当相伐耳。"意思是河神你看不起我，我要跟你决斗。然后，他跟河神就被变成了两只青色的牛，在江边顶撞了起来。不过，李冰想办法让手下认出了自己，于是一名弓箭手射死了变成牛的河神。从那以后，岷江就再没出过什么乱子了。[1]

有一个理论为此事提供了一种自然主义的解释，称整件事都是一个骗局，那些人是为了经济利益而淹死了自己不想要的女儿。而李冰巧妙地安排了一场两头牛的舞台表演赛，揭穿了这个骗局。无论真相如何，总之，这样的故事展示了水利规划中的偶发事件是如何与中国的水神话融为一体的。在这个过程中，那些涉及水资源管理的社会和行政变动，可能会被神话传说授予传统的合法性。李冰的儿子二郎也是一位受人尊敬的水利工程师，后来变身为蜀的灌溉之神灌口二郎。据说灌口二郎曾锁住一条令洪水泛滥平原的孽龙。如今，在都江堰市的玉垒山脚下，供奉着李冰和二郎的二王庙依然矗立在那里。在这两位伟大工匠的雕像前，香柱散发着令人陶醉的香气。墙上刻着一句箴言——"深淘滩，低作堰"。

▶汉朝的高速公路

公元前3世纪末，在燕、赵、齐、吴、楚、魏等国的前王室成员的率领下，对秦暴政的反抗在各个地区爆发。由于害怕因失职而受到惩罚，刘邦逃离秦帝国，投靠了楚国。秦亡后，刘邦在巴蜀和汉中地区当上了汉王，之后与楚王项羽展开了不可避免的对抗。刘邦了解水道的战略价值。如果不是渭水使他顺流而

---

[1] 见东汉应劭《风俗通义·轶文》。——译注

下,将粮食运送给在湖南与楚军作战的军队,他是否能成为胜利者还是个未知数。不过,最终刘邦在公元前202年打败了项羽,成为汉朝的第一个皇帝——汉高祖。

刘邦在渭水之畔的长安建都。到了汉武帝时期,由于粮食短缺,必须将粮食从东部华北平原的农田里运到黄河的上游。而这绝非易事。这意味着要在三门峡的岩石峡谷中航行,在那里,水道被两座岛屿分割成了三条,据说是大禹挥了三次斧子划出来的。然后,船夫要冒着巨大的风险,付出巨大的代价,拖着船只沿渭水逆流而上。在大司农(农业部长)提议开凿运河之前,已经损失了很多粮食,牺牲了很多性命。这条运河建于公元前133年,动用了两三万名农民。它从黄河向北转弯的河湾处起始,与渭水平行,穿过秦岭,最终抵达长安。

用水路为军队运输粮食始于东周时期,秦汉两朝的君主也采取了同样的方式。但可以说,直到汉武帝统治时期,随着这条新水道的修建,才开始系统地向都城运送"漕粮"[1],这一水路运输系统被称为"漕运"(漕,意思是"运河",强调这一网络的人工属性)。粮食被运到朝廷,作为百官和北方戍边军队的给养,用来支付薪水,或者贮存起来以备不时之需。这一系统一直持续到了19世纪的清朝。

用帆船运送粮食存在危险,但是陆路运输速度慢,成本高,而且差不多同样令人胆战心惊。穿过峡谷的"栈道"是建在峭

1　中国封建时代通过河运和海运由东南地区漕运至京师的税粮,因其运送方式而得名。——译注

壁上的木质小路：一块块木板铺在插入岩石的粗柱子上，通常连护栏都没有。将粮食用缆绳和滑轮系统拉到栈道上，然后再使用人力沿着这些狭窄的小路运送。中国人在攀越这些令人眩晕的路线时，似乎总是格外乐观，不过唐代诗人李白清楚地指出了其中的风险：

上有六龙回日之高标，下有冲波逆折之回川。[1]

李明曾简略地描述过那些不熟悉栈道之人的感受：

在光秃秃的陡峭山坡上安着几根大梁，大梁上搭着一个没有栏杆的露台，就这样一直穿过好几座山；不习惯这种栈道的人在上面走得非常痛苦，唯恐发生什么不幸的意外。

考虑到向上游运送粮食的危险，最终似乎还是迁都容易一些。汉朝末年，都城被迁到了长安以东的洛阳，在晋（265年至316年）初，隋末（605年至619年）和唐（7世纪到10世纪）的大部分时间里，那里一直是中国的都城。

农业灌溉和水路运输的结合，使新的区域随着时间的推移成为经济中心，从而可能导致其相对独立。北方渭水流域的灌溉工程使关中成为秦的权力基础，而李冰的天赋使蜀成为另一

1　引自李白《蜀道难》。——译注

个竞争中心，其活力贯穿了整个汉代。在汉代后期，黄河下游朝山东方向发展出另一个重要经济区。到了3世纪，出现了三个强大的地区：西部是蜀，北部是魏，东部是吴。当长江上著名的赤壁之战宣告了汉朝的灭亡之时，这三个地区成了三个独立的国家。在接下来的60年里，三国——在某种意义上都是"水之王国"——一直争夺着霸权。

▶运粮北上

从265年到5世纪，纷争四起、外敌环伺的晋朝暂时修补了这个国家的分裂。晋朝源自魏国一支强大的宗族，仅用十余年便完成了中国的统一。这一时期，在长江下游的江南地区，定居和耕作的人越来越多，南方开始成为北方的粮仓。考虑到这样的距离，水运是运送粮食的唯一可行办法。唐宋时期，道路状况得到了改善，但地形条件非常不利：沼泽、湖泊和河流四下阻塞；山脉横截，人们只能要么绕道而行，要么冒险攀上高峰。而有了水路运输，南方过多的水就成了优势，正如谚语所说："南人驾船，北人骑马。"据估算，在15世纪，通过内河运输货物要比陆路运输便宜30%到40%。原则上讲，用海路运输可能会更便宜，但在中国中世纪的大部分时间里，海盗都很猖獗，而且有许多船只在风暴中遇难。

李约瑟认为，古代中国政府的水资源管理政策优先处理的是漕粮税的征收，而非有时会互相矛盾的防洪和灌溉需求。其他历史学家可能并不认可这一判断，但水路的重要性是毋庸置疑的。这不仅仅是一个养活百姓的问题；在为军队提供补给的问题上，粮食运输也至关重要。对外，军队保卫边境，抵御蛮夷入侵；对内，军队镇压军阀，平定动乱。

短命的隋朝(581—618)统一了这个四分五裂的国家，而且(并非巧合地)贯通了由南至北的粮食运输渠道。和另外几个朝代一样，这个朝代也是从对一个小皇帝的篡位开始的。此前的四个世纪里，这个国家在斗争中四分五裂。这种夺权起初与此似乎并无区别。当时，中国的北部和西部由一个自称"北周"的王朝统治。578年，当时的北周皇帝驾崩，其继任者宇文赟纵情酒色，放荡不羁。第二年，宇文赟病故，而他的继承人只有七岁，于是宇文赟的岳父随国公杨坚便开始摄政。581年，随国公伪造种种征兆，称自己已得天命，于是年轻的皇帝退了位，不久便去世了——我们可以从中得出自己的结论——而随国公则"不情愿地"接受了皇帝之位。

隋朝只存在了三十七年，但在这短暂的时间里，它却取得了非凡的成就。隋朝的第一个皇帝就是随国公，他的庙号为文，即隋文帝。隋文帝和其子隋炀帝(569—618)重组了政府结构，创建了三省六部制，成为之后历代政府的管理模板。他们改革了货币，并采取措施，通过改良农业生产来减少社会的不平等。但与此同时，他们还启动了一个规模和野心都无比巨大的水利工程项目，最终导致了这个国家的毁灭。

隋文帝决定再次将都城从长安迁至洛阳，以确保通过黄河与长江下游盆地进行可靠的连接。但在运送漕粮这个问题上，他并不满足于连接这两条大河现有的零散运河网络，而是下令修建一个新的系统——"大运河"。

隋文帝充分利用了已有的运河，包括淮水与黄河之间的鸿沟和邗沟。他提议将这些运河扩充为一条连续的通道，从位于今浙江省的沿海城市杭州出发，一路穿过长江、淮水，最后抵达黄河。从那里，这条通道可以向洛阳和长安各作进一步延伸；还可以朝北延伸一条支流，从黄河一直通到北京。

这是一项雄心勃勃的事业，隋朝皇帝为此动员了500多万臣民。此前从未有过这样的一条大运河——它实际上是一个相互连接的水道系统，包括河流、湖泊，以及旧有的和新建的一段段运河。隋朝的工匠们在长江以南修建了"江南运河"，它从杭州出发，经过苏州，在江都（今扬州）附近与长江汇合。运河的这一段又名"山阳渎"，它与古邗沟齐头并进，向北通至淮水[1]。之后，再连接被扩充为汴渠的汴水，通往开封和位于洛水之滨的洛阳。然而，在605年，隋文帝的儿子隋炀帝（前一年他可能是通过弑父的手段登上皇位的）宣布要在山阳和新都城洛阳之间新修一段大运河——通济渠。这一路线的确切位置至今仍有争议，但很显然，它贯通了淮水与黄河。后来，一条名为"永济渠"的运河从洛阳附近

1　大运河这一段的具体走向尤其模糊。从长江往北到淮河有两条古运河，现在都被称为邗沟。其中一条建于东汉（25—220），从江都出发，途经樊良湖，径直通往北面的山阳。另外一条可以追溯到春秋时期，南段与前者路线相同，但从樊良湖开始则转向东北，抵达射阳湖后又转向西北，连接山阳附近的淮river。隋文帝和隋炀帝都曾利用古运河连接长江与淮河，但不清楚他们用的是不是同一条——也就是说，隋炀帝是否只是重修了他父亲所修的河道——还是两人各用了一条。——原书注

的黄河向北延伸到了北京。这是整条大运河中最长的一段，约有1000公里，同样充分利用了已有的水道，为了改善其通航能力，政府还对其中的一些部分进行了疏浚。总之，隋朝的大运河系统总长约达2350公里；李约瑟写道，它是"将税粮从这个国家的经济中心运至政治中心的主干道"。

到609年，隋炀帝的计划大体上完成了。611年，一支据说长达100公里的皇家船队在大运河起航。然而，修建运河的开销过于巨大，与此同时，隋炀帝还在持续修建新都洛阳，对长城进行修缮和扩建；并在今天的朝鲜半岛对高句丽王国发起了一系列灾难性的战役；因此，为了筹集资金，他不得不向百姓课以重税。

这还不是最糟糕的。大运河这一工程的完成，靠的是征募劳工。据唐《开河记》所述，为了修建通济渠，隋炀帝征募了15岁至50岁之间的所有男性——约360万人，每五户还要有一名女性或老年男性负责饮食，因此总共涉及的劳工将近550万人。这个数字肯定被夸大了——《开河记》所记载的历史并不可靠；更有可能的一个数字是100万，但即便如此，也是相当庞大的。这些劳工被逼着干活，日子过得很惨；据《开河记》记载，企图逃走的人都被砍了头，还有一些人饿死了。汴渠工程的监工是一个名叫麻叔谋的人，后人叫他"麻胡子"，据说他经常吃蒸熟的小孩儿，因此成了父母用来吓唬不听话孩子的怪物。

沉重的财政负担导致了隋饱受诟病的暴政，而大运河要为此承担大部分的责任。传统上，隋炀帝被塑造为一个典型的"末代统治者"：嫉妒、固执、反复无常，耗尽了文武百官的耐心。613年，隋对高句丽发起另一次注定无果的进攻。叛乱从此开始。617年，唐国公李渊率领军队攻占了旧都长安，随后宣布隋炀帝"退位"，然后使出老招数，由自己为一个傀儡小皇帝——隋炀帝的孙子杨侑摄政。然而，尽管隋炀帝不得民心，政变却受到了广泛的抵制。直到618年，隋炀帝在隋朝大将宇文化及发起的另一次叛乱中被杀，李渊才趁机自立为王，成为唐朝的第一个统治者唐高祖。

修建大运河似乎就这样使隋朝失去了天命，却给其继任者带来了相当大的好处。正如晚唐文学家皮日休所言：

> 隋之疏淇汴，凿太行，在隋之民不胜其害也，在唐之民不胜其利也。……不劳一夫之荷畚，一卒之凿险，而先功巍巍，得非天假暴隋，成我大利哉！[1]

这是一个常见的公式：前人作恶失去了统治的天命，而后人将乐于接收他们的劳动成果。

▶在极乐穹顶的阴影下

可靠的粮食运输系统奠基于唐代 (618—907)，当时每年有13万

---

[1] 引自《汴河铭》。——译注

吨粮食被运往北方(当然，数量要取决于收成)。到了宋朝(960—1279)，这个数字增加了一倍多，而在明朝(1368—1644)，则可能达到了45万吨左右。面对17世纪末的这一运输系统，李明感到相当吃惊：

> 他们口中的这些"水道"，是他们从南方各省向北京运送粮食和其他物资的必经之路。如果你相信的话，每年有一千艘从八十吨到一百吨不等的船，以及数不胜数的人为皇帝运送物资。当这些庞大的舰队出发时，你会以为他们携带着东方所有王国的所有贡品。

天气好的时候，一艘内河船只每天预期可以航行15到25公里。朝廷的运粮船很少从始至终都用同一批船员——沿途不断会有变化；有时候，如果船只维修或恶劣天气妨碍了行程，船夫可能会把粮食储存在沿途的谷仓中。宋代画家张择端在他著名的长卷《清明上河图》中，极具美感地描绘了汴河上的商人和船长们的生活——一座座云雾缭绕的山峰和一个个水畔的城镇。唐代诗人白居易则在谈到一位盐商的妻子时，说她"风水为乡船作宅"[1]。

李明并不是第一个对中国水道所涉及的产业感到吃惊的欧洲人。在13世纪，忽必烈汗——宋朝的推翻者和元朝的缔造

1　引自《盐商妇》。——译注

者——所取得的成就，同样给马可·波罗留下了深刻的印象[1]：

> 大汗曾将内河及湖沼连接，自此城达于汗八里，凡川与川间、湖与湖间，皆掘有大沟，其水宽而且深，如同大河，以为连接之用。[2]

忽必烈汗并非只是在收获本应属于先人的赞美。元朝统治者一改蒙古游牧民族的野蛮形象，对中国进行种种改革和发展——包括对大运河的进一步修缮，将其变成马可·波罗所仰慕的世俗、繁华、精致的国家。在唐代，粮食的北运仍然缓慢而昂贵：长江流域收获的大米可能一年都到不了黄河，而其中很大一部分可能会在运输途中被地方官员盗走。为此，唐人对运河进行了持续的调整与维护。不过宋人则没有那么勤勉，一些河段没得到应有的重视。忽必烈汗的目标正是改正这一问题，并且他明智地任命了颇具能力的前朝官员王炯来监督其中一些翻新工程。

元朝还对运河的路线进行了一个重要的延伸。蒙古征服者在北方建都是非常自然的事情：忽必烈汗把权力中心从蒙古的

---

[1] 马可·波罗声称忽必烈任命他为扬州的税务稽查员，扬州是大运河和长江的交汇处。当代学者至今仍在争论他的记述有多少是虚构的，有些人甚至怀疑他根本没有去过中国，说他的游记可能只是基于道听途说。大多数人认为这本书大体上是可信的，不过毫无疑问存在误读和夸张。——原书注

[2] 引自《马可波罗行纪》，冯承钧译本。——译注

上都（柯勒律治的"世外桃源"[1]）搬到了金朝的中都（今北京），并把中都称为"汗八里"——大汗之城[2]。这一举动意味着大运河通往开封和洛阳的西段——即连接黄河的汴渠——造成了数百公里不必要的绕行。而修建一条从山阳渎向西北方向横穿山东的近路，与北侧的永济渠相交，则会更有意义。这段运河经过济州，现在被称为济州河。它是由一位名叫奥鲁赤的蒙古工匠建造的，于1289年与会通河贯通。由于济州河的河床要比南面的长江河床高42米，因此水怎么流进去本来是个难题。不过1194年的黄河大洪水帮助了元朝的工匠们。洪水改变了黄河的走向，使其朝西南方向流进了淮河河道，大大升高了那里的水位。[3]

然而，直到15世纪早期明朝重修之前，济州河的水源一直是个问题。因此，通往汗八里的水路经常无法通行，而黄河本身的不可预测性则使问题变得更加严重。于是，元朝不得不同时通过海路运输粮食，并不得不与忠诚度颇为可疑的海盗进行合作。当14世纪40年代的一连串干旱和洪水威胁到帝国的稳定时，元朝开始了一项雄心勃勃的计划——为黄河开凿一条新运河。然而，征募劳工只会加剧动荡。1351年，也就是新运河完工的那一年，一个名为"红巾军"的反叛组织夺取了大运河的控

1　英国古典主义浪漫诗人塞缪尔·泰勒·柯勒律治在《忽必烈汗》一诗中将元上都称为Xanadu。Xanadu源自蒙语，代表神秘的世外桃源。——译注

2　元朝的都城有着各种各样的名字。它既是马可·波罗的汗八里，也被称为大都，即"大都城"。——原书注

3　这场洪水导致了女真或称大金王朝（1115—1234）的覆灭。女真族在12世纪20年代从宋朝手中夺走了中国北部。结束王莽短命政变的那场洪水曾使黄河改道，此时它又改了回来，而这被认为暗示着汉化的女真侵略者已经失去了天命。1233年，蒙古侵略者占领开封，金廷向成吉思汗的军队投降。——原书注

制权，并最终推翻了元朝。中国统治者再一次从试图控制水系的努力中吸取了惨痛的教训：做了，你会被诅咒；不做，你也会被诅咒。

▶水乡与运河城市

马可·波罗描述道，在大运河的两边（当然肯定不是全部），都是坚固而宽阔的堤岸道路，因此陆路旅行也变得非常方便。这些道路使沿河涌现的村庄和城镇因经过的运粮船队而受益。

隋朝的大运河始于杭州，当时杭州是一个繁华的港口和商业中心，后来港口在明朝时期淤塞了。著名的西湖原本是钱塘江的一部分，但到了秦朝，由于泥沙的沉积，西湖变成了一个潟湖。唐朝时，白居易曾任杭州的行政长官，他被认为是保护西湖的功臣。当时，一处用来围挡西湖的湖堤坍塌了，导致湖水干涸。824年，白居易疏浚西湖，筑起新的湖堤，并修建了一座大坝来控制水流，使西湖可以为周围的农田提供充足的灌溉用水，保障了杭州的繁荣。12世纪金人占领中国北方时，宋朝的皇帝被迫迁都至此，当时的杭州便已经因其丝绸和奢侈品市场而名闻天下。1276年，杭州落入忽必烈汗的军队之手，但这座城市的声望、魅力和经济并未因此而减弱；13世纪末到访杭州的马可·波罗，称它是"世界最富丽名贵之城"[1]。

1　引自《马可波罗行纪》，冯承钧译本。——译注

今天的杭州市区和中国的其他大城市没有什么区别,但当夕阳挂在西湖岸边之时,让自己回到白居易来此寻找灵感的时代并不算难。老人们聚在湖畔山上没有窗户的保俶塔旁遛鸟,让人感觉这已是延续了数百年的传统。中秋节晚上,湖中的石塔内点燃了蜡烛,在湖面上映出无数个月亮的倒影。面对此情此景,无论是摆着姿势拍婚纱照的情侣,还是喝着从周围山上买来的高价龙井茶的游客,都仿佛拥有了一种魔力。

中国人基本都会对游客说这句老话:"上有天堂,下有苏杭。"人们可能会怀疑,他们之所以这么说,是因为他们不熟悉威尼斯或佛罗伦萨。但无论如何,与这两座城市相比,苏州同样成功地保留了它作为隋朝江南运河上的枢纽城市时所拥有的许多魅力。杭州西湖被认为是优美的自然景观,而苏州名胜则明显是人工作品——可以说,这更为令人愉悦。

著名的苏州园林中设计精巧的池塘和庭院,从令人备感亲近的"网师园",到占地颇广、公园一般的"拙政园"[1](人们不禁会想,它的名字肯定起错了),都是中国美学的缩影。凭借大运河之水的滋养,苏州城内水道纵横,小桥交错,是官员们退休后思考世界的地方。对于16世纪晚期的意大利耶稣会传教士利玛窦(Matteo Ricci)来说,威尼斯的确是一个明显的参照物。"这座

1　"拙政"一词的出处来自西晋(3世纪)的一位政府官员。在某次进谏被驳回后,他说只有园艺才适合像他这样的"无才"(拙者之为政)官员,这种谦逊实在虚伪。——原书注

城市到处都是桥,"他指出,"年代久远,但造型很美。"这座城市设定了艺术风格和判断的标准。据18世纪晚期英国使节马戛尔尼勋爵[1](Lord Macartney)的审计官约翰·巴罗(John Barrow)说,苏州是"最伟大的艺术家、最著名的学者、最优秀的杂技演员的学校","它在时尚和语言方面控制着中国人的品位"。隋朝的大运河造就了今天的苏州,沿河运输的货物中,相当大的一部分都是丝绸,这些丝绸使苏州闻名遐迩。

如今的大运河,烧石油的驳船穿梭其中,巨大的混凝土桥拱支撑着高速公路跨越其上;但是,如果说还有什么地方有望体验一下从前的河上生活,那便要数江苏和浙江的"水乡"了:西塘、乌镇、同里。它们位于上海和苏州之间,在这一地区,水道和湖泊非常密集,使地图看起来就像是海绵的横截面。没错,这些地方是为了游客的缘故才保留下来的。在旅游旺季,纵横交错的河道周围遍布着货摊,走动时你会被不断纠缠去买相同的商品——仿造的古钱币、定价过高的丝绸衬衫、竹制玩具——但是在一个宁静的日子里,如果没有汽车鸣笛,冥想的氛围会让人明白,诗人和艺术家为何要到水边去。

对于中国的水运网络来说,长江与大运河的交汇处是最具战略重要性之地。这里出现了两座伟大的城市:长江南岸的镇江与长江北岸的扬州,密集的运河网络从它们身边经

---

1 马戛尔尼勋爵(1737—1806):英国近代著名政治家。——译注

过，通往高邮湖。这两座一衣带水的城市向来繁荣，居住着诸多商人、画家、诗人和学者。在清代，扬州的一群画家因其个人主义风格以及对传统的抛弃而被称为"八怪"。如今，这座古城仍旧遍布运河与桥梁。

沿岸的所有社群都依赖于大运河网络：河工们在那里长居，船夫们在那里住宿或小憩。运粮的船夫自行组织起类似"共济会"那种略带神秘感的互助行会。18世纪中叶前后，一个名为"罗祖教"的佛教宗派在大运河工人中间传播开来，并依照此类组织的惯例在19世纪20至30年代分裂成了几个敌对的帮派。流血冲突时而发生，甚至会造成致命的后果。

19世纪中期，动荡的清政府放弃了对桀骜不驯的黄淮水利的管理——这是第六章的主题——大运河因此被废弃，水运重新开始使用海上路线。这使得成千上万的船夫以及更多在运河沿岸提供服务的人都失业了。这些地位低微的不满人群有一部分加入了反叛组织，如红巾军和太平军；其他人则转向了有组织的犯罪，成为贩卖私盐的盐贩子：这种利润丰厚的商品当时从法律角度来说仍是政府垄断的商品。

19世纪50年代至60年代，江苏私盐贸易中最强大的组织之一是一个秘密团体，它有一个看似很友善的名字"安庆道友会",是之前船夫行会的一个分支。在接下来的几十年里,这个团体开始控制长江下游港口的私盐贸易和其他走私活动,并与另一个秘密团体"哥老会"融为一体,形成了一个事实上的盗匪联盟。19世纪末,它被称为"青帮",并发展为江南/上海地区主要的有组织犯罪集团。

于是,在19世纪末,运河上不满的船夫变成了上海的海盗。"青帮"完全可以被视为东亚的黑手党。他们采取准佛教徒式的入会仪式,遵循严格的行为和荣誉准则以及儒家的义、礼、智原则,保持着一种罗宾汉式的自我形象。这让人联想到《三国演义》和《水浒传》等英雄故事中被边缘化的叛党兄弟保护穷人的经典传奇。与20世纪20年代的美国黑帮所面临的情况一样,清政府有时会发现,与青帮建立合作关系比试图消灭他们更为有利。同时,就像日本的"极道"[1],青帮也享受着他们所处的这个社会一定程度上的宽容。在20世纪20年代,蒋介石甚至曾雇用青帮成员去干扰工会会议和罢工。

但是当然,他们仍是黑帮分子。他们在上海经营着臭名昭著的妓院、赌场和鸦片馆,收保护费、绑票、贩卖儿童。到19世纪末,这座城市的治安大部分由外国势力负责,这主要是为了保护他们自己的顾客和商业利益。

---

1 指日本社会里从事暴力或有组织犯罪活动的人士或团体。——译注

第五章

郑和下西洋

中国如何探索世界

Chapter 5

Voyages of the Eunuch Admiral

How China Explored
the World

但在那之前，在那之前

在任何一艘航船出现的很久之前，

独自穿越海洋的中国船舶

和单桅帆船

便拥有船尾和船首，

还有自己的桅杆和帆！

——啊嗬！

鲁德亚德·吉卜林*

Rudyard Kipling

1865—1936

《中国船舶和单桅帆船》

'The Junk and the Dhow'

*鲁德亚德·吉卜林：英国小说家、诗人，诺贝尔文学奖获得者。主要作品有诗集《营房谣》《七海》，小说集《生命的阻力》和动物故事《丛林之书》等。——译注通常认为,中国是一个孤立主义国家。当欧洲人踏上发现和征服的航程时,中国却只顾自己,还把国内事务搞得一团混乱。

但这一观点是完全错误的。

在历史上的大部分时间里,中国不仅与所有亚洲邻国,甚至与远至非洲和密克罗尼西亚的诸国,都进行了积极的互动,而且有时这种互动的规模甚至超过了欧洲的努力。当瓦斯科·达·伽马(Vasco da Gama)绕过好望角,于1498年到达非洲东海岸时,土著人对他的三艘西班牙三桅帆船并不感兴趣。其中的原因不难发现:达·伽马的"圣加布里埃尔号",与当地人记忆中曾经驶至同一海岸的中国船舶相比,只是一艘可怜的小船。

明初的十桅"宝船"就像一座座漂浮的城堡,堪称有史以来海上最大的交通工具。每艘船可以容纳1000名船员,外加照料甲板菜园的船员家人,重量高达1500吨,而"圣加布里埃尔号"则只有300吨。宝船的华丽令人叹为观止,宽大的船身像海豚一样光滑而优雅,上面雕刻着刷了亮漆的龙头,龙头上插着丝质的三角旗。凡是看到这些船只的人,绝不会怀疑制造它们的那个王国的威力。

"宝船"这个名字起得恰如其分。有一位学者这样写道:

> 船里装满了珍珠和玉石,沉香木和龙涎香,灵禽异兽——独角兽、狮子、翠鸟、孔雀,还有一些罕见的物品,如樟脑、树胶和玫瑰香精,以及一些装饰品,如珊瑚和各种各样的宝石。

一艘中国海船的样图。这艘海船比明代的"宝船"要小,但是人们普遍认为"宝船"正是在此基础上设计出来的。

然而,中国航海事业的宏大和壮观,却更加令人困惑。显然,这不是试探性的冒险。那么,它的目的是什么?又为什么会终止呢?

▶中国人想象中的大海

的确,中国人看待海洋的方式从来都与欧洲人不同。原因不难理解。欧洲的海岸线高度分散,犬牙交错,而其南部则是一座内海——地中海,这使得海上航行既切实可行又令人向往:人们无须冒太多风险或费多大努力就可以到达其他陆地。

明初的十桅"宝船"堪称有史以来海上最大的交通工具。图为一艘明朝十桅"宝船"与哥伦布的"圣玛利亚号"进行对比。

即便在11世纪左右发明磁罗盘之后，只要有可能，水手们还是喜欢在看得见陆地的范围内航行，这不仅是出于安全的考量，也是因为这样人们就可以利用地标来进行导航。在欧洲，你可以沿着海岸线走很久；即使看不见陆地，你离地中海的海岸也不会太远。相比之下，对于中国来说，看上去相当平静的东海岸通往的却是人迹罕至的太平洋，那里除了危险的洋流和台风，显然没有别的什么东西。北面和南面当然有邻居——它们今天的名字分别是朝鲜和日本，泰国、越南和马来西亚——中国与它们交往颇多，既有和平的，也有武力的。但是，进行大规模的海上航行则需要极大的想象力，而这对欧洲人来说则要容易得多。正如历史学家约翰·柯蒂斯·佩里[1]（John Curtis Perry）所说，"在铸就中国文明模板的许多个世纪中，关于海洋的经历并非主要的部分"。

同时，中国可能还缺乏强有力的海洋传统，原因很简单，就其国土面积比例而言，中国的海岸线比欧洲的要短得多。没有多少中国人见过大海。对他们来说，"水"指的是大河中甘甜的、滋养人的、可以航行的水，而不是一个深不可测的广阔水域。但这并不意味着中国人对海洋毫无兴趣。这样一种沉浸在水意象中的文化不可能忽视一个完全属于水的世界。

对于哲学家、地理学家和探险家来说，大海是一个巨大而迷人的谜。庄子曾说：

天下之水，莫大于海，万川归之，不知何时止而不盈；尾闾[2]泄之，不知何时已而不虚；春秋不变，水旱不知。此其过江河之流，不可为量数。

海洋与河流一样，也是由龙统治的。龙王共五名，每名代表一个方向（在中国，方向包括"中"）。当龙被惊醒时，海上会涌起大浪。不过，即使是这个神话中的动物群体，也采取了一种官僚化的组织体

1 　约翰·柯蒂斯·佩里：出生于1930年，美国历史学家，塔夫茨大学弗莱彻法律与外交学院海事史教授。——译注
2 　传说太平洋底的一种巨大的排水沟。——原书注

系：河海之龙好比一个大水利部辖下的地方长官，其身边还有一群部属官员。你可能会说，这是中国式的神话王国。

▶中国造船技术

中国人是造船的行家。河流在这个国家的意义和分量，保证了自古以来各种尺寸船只的建造。中国船舶最显著的特点之一是使用了横舱壁：沿船宽方向设置的用来分隔舱室的垂直隔板。在大型船只上，密封的一个个舱室将船体分割开来，一旦出现意外，某个舱室进水，船还可以凭借其他舱室漂浮起来。欧洲人直到18世纪才从中国引进并开始使用这种设计。这一技术转移发生得实在太晚了，因为马可·波罗早就描述过其基本原理，而威尼斯探险家尼科洛·德·孔蒂(Niccolò de' Conti)，据称是马可·波罗之后第一个从中国返回的意大利商人，也曾在1444年写道，他们的船"由一个个舱室组成，如果其中一个破了，可以由其他的继续完成航行"。

李约瑟认为，这个系统的灵感来自竹子的天然分隔。竹子是中国最为常见的建筑材料，它可以长到25米高，30厘米粗，中国最早的一些大型手工艺品都是用竹子制成的。1世纪时，来自台湾的盗匪会乘着竹筏穿越南海，袭击中国大陆的沿海

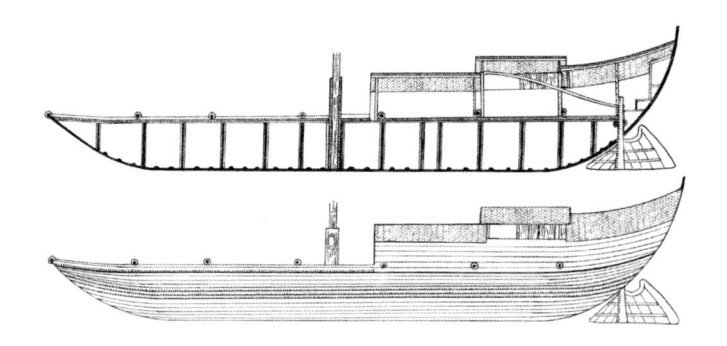

长江上游一艘28米长的载货河船剖面图，图上显示的是船身的横舱壁。

村庄。

西方人把中国的船只统称为Junks——在中文里，这个词写作"船"，它左边的部首"舟"看上去就像一艘被分隔开来的船体。大型的海船被称为"舶"，而通常由渔民所使用、有时也用于贸易运输的最小的河船，则叫作"舢板"。舢板的船底像平底船一样相对平整，由帆或桨提供动力。它的名字源自"三板"，意思是三块木板，因为船身实际上只包括船底那块平整的宽木板以及船舷的两块木板。有一种稍大一些的河船采用了同样的设计方式，由五块木板制成，被称为"五板"。今天，你会发现中国的渔民仍然在使用这种船。它们在大河下游的铁驳船和其他工业船只之间蜿蜒前行，几个世纪以来在设计上几乎没有任何改变。

中国的河船形制多样，正如诗人袁桷(1266—1327)笔下那栩栩如生的意象：

黄河之船如切瓜，
黑金铺钉水爬沙。
……
轮囷薪槀浮山来，
淮船争避吴船开。
……
吴船团团如缩龟，
终岁浮家船不归。[1]

中国船舶不仅用于贸易和运输；在陆地上进行的几乎所有事务，似乎都可以在河流上进行。这些船既是漂浮的剧院、旅馆、餐馆、商店和茶馆，又是年轻女子向水手们卖唱的画舫，后者无疑还提供了其他的诱惑。

中国船舶的帆通常不是用布做的，而是用竹席做的，挂在由横木条加固的桅杆上。这是一种独特而高效的设计。一位海事专家在1906年谈到中国船舶时说：

---

[1] 此处前四行诗句引自袁桷《清容居士集·河桥行》，后两行引自《清容居士集·吴船行》。袁桷：元代著名书法家、文学家。——译注

中国船舶拉着商人和货物，既要航行于宽广的内河航道，又要航行于波涛汹涌的大海，我怀疑，别的任何船只都无法更好地实现这一目标。此外，相当肯定的是，在平整度和轻便性方面，中国的帆具无与伦比。

为了适应这一目标，中国的造船工人巧妙地修改了船只的基本设计。一些河船的船体被分为两半，用铰链连接在一起。这可能是为了应对难以预测的河道淤塞：两半分开或许能在浅滩上航行，而两半连在一起则是完全不可能的。同时，这样的船只也被用来在水战中发挥毁灭性的作用。

所有国家最早的航海者都是靠星星、风和洋流来导航的。已经证实，早在11世纪末，中国便已开始使用指南针——可能是漂浮在水面上的磁针，比西方早100年。中国的航海地图制作也远远领先于西方：现在被称为墨卡托投影的地图制作方法在中国使用了五个世纪后，佛兰芒制图师才于1569年研制出这种圆柱形的地图格式。当时还没有精确的纬度测定方法，但可以通过测量北极星或南十字星座在地平线上的高度来估算纬度，中国的航海家是用一种名为"牵星板"的仪器来完成这一测量的。当频繁航行于某一航线时，船员们可以利用星象盘来观察航程中天空的变化。

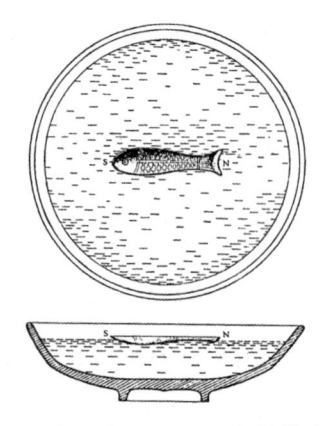

根据宋代著作《武经总要》(1044)中的描述，用一块薄磁铁制成的漂浮指南针(指南鱼)呈鱼形，浮在一碗水中。

▶宇宙的主人

最迟从秦朝开始，中国人就进行了大量的海上旅行。据司马迁记载，公元前219年，秦始皇派一个名叫徐福的方士到三个传说中的岛屿去寻找仙人。徐福向东出发，几年后返回，说一条龙或是海神答应他，如果他带去一些童男童女和各行业的劳工，就会给他长生不死药。你可能会认为一条龙提出这样的要求非常奇怪；但对于一个想要开辟并统治殖民地的人来说，这或许并不那么奇怪。总之，徐福带着符合条件的3000人离开了。随后他又回来过一次，目的是让弓箭手去对付包围着那三座神秘岛屿的鲨鱼。秦始皇又同意了。于是徐福又离开了，并且再也没有回来。秦始皇被迫向其手下的方士寻求长生不老药，但他们无法满足自己的主人(事实上，他们所使用的水银疗法可能加速了他的死亡)。

无论司马迁记载的是传说还是史实，总之最晚在公元前2世纪或公元前1世纪，远洋船只就已经开始被建造了。在一只汉代的碗上，我们可以看到其中一艘。汉代水手在东南亚进行过贸易：在苏门答腊、爪哇和婆罗洲都发现了公元前45年左右的中国陶器。有人认为，这些船只甚至可能抵达了埃塞俄比亚海岸。隋朝统治者与日本和朝鲜都保持着贸易和外交关系，并开始表现出后来中国皇帝的专横，要求其他国家对自己效忠并顺从。

到了唐代，海上探险成为一件平常之事。当时，中国船舶从东南亚各地带回了各种异国商品作为贡品：印度孔雀、苍鹭、鸵鸟、斑马、长颈鹿，还有来自非洲的黑奴。人们通常认为，中国的沿海经济区是西方帝国主义入侵的产物，而事实恰恰相反，至少从唐代开始，中国的港口就已经蓬勃发展。作为港口之一，广州变得和19世纪的上海一样国际化，通行多种语言：这里既有来自波斯和阿拉伯的商人，也有来自印度和马来的工匠。8世纪，唐代宗和唐德宗都曾下令建造可容纳数百名水手的船只。这些船可以成为船员们事实上的家：他们在船上生活、嫁娶、死亡，居住在由小巷和花园隔开的住所里。这些船可以携带船员们一年的口粮；猪则是在船上饲养的。这样的船只跨越了遥远的距离：在唐代，中国人从非洲进口各种商品，包括象牙、犀牛角、珍珠和熏香；作为回报，他们则送去了铁、麝香、瓷器、胡椒、香料，或许还有丝绸。

在宋代，商人们的脚步远至印度，而皇帝创建了一支令人生畏的舰队。官员陆游在汉口的长江水师演练中看到：

大舰七百艘，皆长二三十丈，上设城壁楼橹，旗帜精明，金鼓鞺鞳，破巨浪往来，捷如飞翔，观者数万人，实天下之壮观也。[1]

1178年，学者周去非曾对这些航船作过这样的描述："浮南海而南，舟如巨室，帆若垂天之云。"[2]

但是，在周去非写下这句话的时候，宋代的田园生活已经梦碎。1127年，都城开封和国家的整个北部都被来自北方的侵略者占领。宋朝统治者逃至南方，定都杭州。他们痛苦地意识到了自己的国家是多么岌岌可危——日本、高丽和金都对其垂涎欲滴。于是，在12世纪30年代，南宋建立了中国事实上的第一支常备海军。官员章谊曾在1131年说过，现在，帝国将不得不把长江和大海当作它的长城，而取代那道土石屏障上的烽火台的，则是战船。[3]百年间，南宋的海军力量逐渐增加到了52000人；长江上为抗金而建造的战船中，有一部分包裹了

1　引自《入蜀记》。——译注
2　本处引文引自周去非的地理学名著《岭外代答》。周去非（1134—1189）：字直夫，永嘉（今浙江温州）人，南宋地理学家。——译注
3　章谊（1078—1138）：字宜叟，建州浦城人。徽宗崇宁间进士，补怀州司法参军，历漳、台二州教授、杭州通判。这段话出自明代杨士奇等编著的《历代名臣奏议》。——译注

铁甲，并装备了投石机等武器。一个世纪后，南宋海军拥有了600艘战船，从而取得了东海的控制权（见第七章）。

然而，这支海洋军队无法战胜蒙古人。蒙古人最终击溃南宋，建立了元朝。虽然惯于骑马而非乘船，但蒙古征服者还是迅速适应了在一个河流之国生活和战争的现实，而且他们和宋朝一样重视海军。在13世纪末的元朝到访杭州的马可·波罗，对这里展示的海军力量感到敬畏。他声称，在作为帝国使节于1292年离开中国时，他率领了一支由14艘巨轮组成的船队，每艘船上载有600人以及两年的给养。

元朝的船只既是为和平而造，也是为战争而造。在成功入侵高丽的鼓舞下，忽必烈汗向日本派出特使，宣称元朝已经成为天下的主人，并要求日本接受附属国地位。日本的军事独裁者（"执权"[1]）拒绝了这一要求，于是忽必烈在1274年派遣战船入侵九州。这场战役的失败并没有阻止这位元朝皇帝随后派出舰队去征服爪哇，而这一次他又失败了。不过，海上力量始终是他扩张主义野心的关键。

与此同时，运送漕粮的海上航线——从中国南部沿海到北部的首都汗八里——也得以重启。在13世纪80年代早期，忽必烈的运粮船队由朱清和张瑄这两个海盗头子率领，而他们最终成了海军将领。14世纪早期是海上航线的全盛时期：到了1329年，每年约有25万吨的货物通过船运沿海岸航行。不过河运仍

---

1 日本镰仓幕府时期的官职，意指"掌握幕府权力，帮助将军处理政治"。原本是朝廷对天皇身边处理事务者的称呼，后转为征夷大将军的政务佐理。——译注

构成了有力的竞争，特别是在大运河进行了大规模改造之后。由于朝廷中存在立场不同的既得利益者，海运与河运之间的竞争非常激烈，甚至可能闹出人命。有这样一个故事，宋朝大臣王炯在元统治时期为翻新大运河做了很多工作，1284年，他在出使日本途中被海上航线的支持者谋杀。直到元朝被明朝推翻，这种竞争都没有结束。

▶辉煌的王朝

即便在这个朝代更迭常常受到民众起义影响的国家，推翻元朝的那个人起初似乎也不太像是未来皇帝的候选人。朱元璋出身于安徽一个赤贫的农民家庭，完全没有受过教育。而且据说他奇丑无比，丑到让人甚至并不厌烦，反而觉得他与众不同。在他16岁那年，长江的一场洪水淹没了他家的耕地，除了他和他的二哥，其他家人全都死于这场灾难。他出家为僧，并在庙里学会了识字。但是在1352年的一次起义中，他所托身的寺庙毁于一旦。无家可归的朱元璋加入了一支起义军，并最终成为指挥官。其后他们与"红巾军"结成了盟友。当时，有一个名为"白莲教"的教派在大运河上的船工中间相当流行，他们反对元朝的统治，从而促成了"红巾军"的出现。

1355年，朱元璋成为一支大军的领导者，在长江边上的采石矶战役中击败了元军，并在第二年进一步攻占了南京。与中国的其他战争一样，元末战争中的军事优势通常也取决于对长江中游的征服。由于被混战削弱了力量,元朝相当于把南方拱手让给了红巾军。起义军开始内斗。朱元璋指挥其中一派,他的主要对手陈友谅占领了长江流域中部。这场冲突最终通过一场激烈的水战得以解决,朱元璋从此成为中国南方的主要势力。1367年,朱元璋宣称元"废坏纲常"[1],已失去天命。第二年,他宣布建立明朝,"明"的意思是明亮的或辉煌的。此时的朱元璋已经打败了南方所有的敌对军阀,开始向北方的元朝进军。元顺帝逃往内蒙古。朱元璋基本没有遇到任何抵抗,轻而易举地占领了大都(北京),并将其更名为北平。

在后来的几个世纪中,朱元璋战胜蒙古侵略者被民族主义者认为是汉人统治的重建。这也标志着国家重心的转移。如今,长江而非黄河被重新认定为经济和政治力量的中心;南京取代北京成为首都(尽管为时不久)。而自称为洪武皇帝的朱元璋,则接管了元朝的大部分行政架构,包括一些儒家官员(在这些儒家官员面前,这位没怎么受过教育的皇帝颇为不适)。他声称要重建唐宋的官制,但实际上元朝继承了很多汉族的传统,本就将其大都延续了下来。

在洪武皇帝的统治下,明朝的开局相当不利。由于缺乏安全感并且生性多疑,洪武皇帝成了一个暴君,凡是他怀疑煽动不满情绪或嘲笑他出身低微、不学无术的人,都会被他清洗掉。几乎每天都会发生大屠杀,他的大臣们终日恐惧会遭到鞭笞或更加残酷的处罚。被扣上罪名的官员不光只有本人被处死,同

1　引自朱元璋出兵北伐时所颁布的檄文《谕中原檄》。——译注

样的命运也会降临到他们的家族和下属身上，处决可能会涉及数千可怜人。

面对这样的统治者，皇位的继承注定不会一帆风顺。1398年，洪武皇帝驾崩，这无疑让大家松了一口气。洪武皇帝将皇位传给了孙子朱允炆，朱允炆的父亲早在六年前便去世了。朱允炆有针对性地采用了"建文"这个年号，意思是"建立文明"：在他祖父统治的时期，这种品质非常罕见。但他的叔父燕王朱棣（朱元璋的第四子），却要与他争夺皇位的继承权。于是，一场被称为"靖难之役"的内乱开始了。

靖难之役持续了三年，朱棣最终在1402年的夏天占领了南京。他宣布自己为明朝的第三任皇帝——永乐皇帝：永乐的意思是"永久的幸福"，但一开始，似乎看不到多少希望。在南京，对于那些否认其合法性的学者和官员，朱棣采取了与自己父亲相同的手段，将他们连同整个家族——祖父母、父母、叔叔姑姑、兄弟姐妹、子女和孙辈——一起屠杀。当一个学者被处死时，他从前的所有学生也都会被处死。朱棣重新开始使用惨无人道的"千刀万剐"，受害者会被用利刃一刀刀地切削至死。

不过，在确立了自己的势力和权威之后，永乐皇帝为他父亲的临时王朝奠定了坚实的基础，并开始将其变成中国历史上最辉煌、最富庶的王朝之一。他的视野已超越国界，扩展到了整个世界。一登上皇位，他便开始组织一支庞大的船队，其中大部分船只是在南京附近的龙江船厂被建造的。从1404年至

1407年，有1600多艘船只被组装完成。

明朝的海上航行不仅运送了船员和使节，而且整艘船还是中国社会的一个缩影。船上由宦官负责管理军队，由礼部官员负责实施礼仪。随员有内科医生和中医、翻译、占星师和风水先生、工匠、家眷，以及主要由犯人充当的船员和士兵。船上运载的货物，则包括丝绸、棉花、铁器、盐、麻、茶、酒、油、蜡烛和瓷器：中国所有的宝贝，走到哪里都无与伦比。

这样一份非同凡响的事业自然需要一个非同凡响的领导者。的确有一位这样的领导者。和明朝的开国皇帝一样，他也是一个看上去不太像候选人的候选人。

▶在亚洲的冒险

为了巩固自己的帝国，洪武皇帝不得不在遥远的北方和西南地区敉平蒙古人的反抗。当时的云南一直由一位蒙古王子统治，直到1381至1382年间被明朝的军队攻陷。在那场大战中，明军带回了很多俘虏，其中包括一个名叫马和的男孩。他很可能不是汉人，而是来自云南诸多少数民族之一的回族。

马和被选中进宫当太监，因此受到了阉割——这一过程粗暴野蛮，极其危险。之后，他被送进北京的王宫，在那里，他被改名为郑和，成为亲王朱棣的贴身侍从。年轻的朱棣当时正在帮助戍守明朝的北部边疆。在随后发生的边疆战役中，郑和证明了自己是一位足智多谋的军事指挥官。他被称为三保，又作"三宝"（"三宝"指的是佛教徒用来寻求庇护和指引的三件宝物：佛陀、说法和僧伽）。

在朱棣与其侄建文帝的斗争中，郑和担任了将军之职。尽管之前没有任何海军经验，但由于其能力超群，因此朱棣登上皇帝宝座后，便任命郑和为自己新舰队的统帅。郑和的外表与人们印象中太监的形象不同：据说他身高七尺（超过两米），虎背熊腰，声若洪钟。他活得比永乐皇帝要久，指挥了明朝历次伟大的海上航行。

清代著作《历代通鉴辑览》的作者们在1767年写道：

> （郑和）多赍金币，率兵三万七千余人，造大船凡六十有二，由苏州刘家港泛海至福建达占城，以次遍历西洋。颁天子诏，宣示威德。

在鼎盛时期，这支船队共有3800艘船，包括约400艘战船和250到300艘宝船，并载有约27000人，其中大部分是士兵。每一艘大宝船都有一支小型的支援船队，包括补给船、战斗船和巡逻艇。这支庞大船队的规模堪比英国、法国和西班牙在特拉法尔加海战[1]中的全部舰队之和。李约瑟说："明朝海军在其全盛时期，实力可能超过了任何历史时期的任何其他亚洲国家，也远远超过了任何当代欧洲国家，甚至超过了它们的总和。"

1　1805年英法舰队在西班牙特拉法尔加角外海面发生的激烈海战，堪称英国海军史上最大的一次胜利。——译注

目前还不清楚这些战船中最大的究竟有多大，但是古代文献中给出的尺寸，曾经被认为是夸大的，现在则得到了认真的看待——按照这些说法，"宝船"可能是有史以来最大的木制海船。据估计，它们长约135米，宽约55米，比当时的欧洲船只要大得多。1962年，考古学家从龙江船厂遗址发掘出了一根明代宝船的舵杆，从它的尺寸来看，前文对宝船大小的估算是可信的。因此，建造和养护宝船的成本都相当巨大。据历史学家爱德华·德雷尔[1](Edward Dreyer)估算，永乐皇帝为建造宝船应该花费了大约500万至1500万石粮食，而每年可能征收的税粮（占国家财政收入的90%）则为3000万石。

1405年，郑和率领约62艘宝船第一次下西洋。船队从位于长江入海口的港口刘家港（今浏河）出发，在福建沿海城市长乐作短暂停留，然后前往占城（今越南），通过苏门答腊北部的马六甲海峡，穿越印度洋，抵达锡兰[2]和印度的卡利卡特（今喀拉拉邦的科泽科德）。在卡利卡特，郑和购买了小豆蔻和肉桂等香料，然后起程返乡。

永乐皇帝显然对收到的贡品很满意，因为船队1407年刚返回，就又被派了出去。郑和一共远航七次，在1422年之前，他大部分的时间都在海上。在第一次远航的归途中，他在苏门答腊附近击败了猖狂的广东海盗头子陈祖义，将其俘虏并带回南

1　爱德华·德雷尔（1940—2007）：美国历史学家，主要研究方向为中国政治与军事，代表作有《明初政治史：1355—1435》。——译注

2　今斯里兰卡。——译注

京处决。一些国家对郑和表示热烈欢迎，奉上了丰富的贡品和货物。在暹罗，郑和购买了硬木、沉香、熏香、象牙和珍贵的羽毛；他还从其他国家带回了一些特别的药材，如硫黄、犀牛角和鹿茸、乳香、没药和樟脑。

在另外一些地方，当地人则表现出了敌意。在第三次下西洋时(1409—1411)，郑和打败了权倾一时的亚烈苦奈儿(Alagakkonara)商人家族中难缠的维罗·亚烈苦奈儿(Vira Alakesvara)，后者当时自封为锡兰的统治者。亚烈苦奈儿似乎一直在从事海盗活动，令通往印度的海路危险重重。他拒绝向明朝皇帝进贡，也拒绝接受皇帝送去的纪念佛祖的石碑。相反，他率领大军向郑和的船队发起了进攻。经过一场陆上的血战，郑和取得了胜利，用铁链把亚烈苦奈儿绑回了南京。由于某种不明原因，亚烈苦奈儿免于一死并获得了释放，但是僧伽罗人重新成了锡兰的统治者。

1412年至1414年的第四次远航中，郑和不得不再次采取军事行动。当时，明朝船队赐给苏门答腊王子很多礼物，而一个名叫塞坎德(Sekander)的叛乱分子则为自己没有收到同样的礼物而感到愤怒，对中国人发起了一场破绽百出的攻击。郑和的军队又一次活捉了敌人的首领。这一次下西洋，明朝船队一直航行到了位于霍尔木兹海峡的波斯苏丹国，阿拉伯海在霍尔木兹海峡与波斯湾交汇。1417年至1419年的第五次下西洋，郑和到达了非洲东海岸的摩加迪沙和布拉瓦，在那里他收到了骆驼和鸵鸟。

天气晴好时，这支船队每天可以航行60海里；而当风雨肆虐时，船员们则会祈求天妃[1]的庇护。在福建长乐，有一块立于1432年的石碑，上面刻的文字据说是郑和为纪念最后一次下西洋而作：

……涉沧溟十万余里[2]。观夫海洋，洪涛接天，巨浪如山，视诸夷域，迥隔于烟霞缥缈之间。而我之云帆高张，昼夜星驰，涉彼狂澜，若履通衢者，诚荷朝廷威福之致，尤赖天妃之神护佑之德也。[3]

《历代通鉴辑览》称郑和的功绩"为古来宦官所未有"。这一点很难反驳。

在东南亚地区，中国使节的态度是高傲地恩赐和授权。他们承认各国的主权——事实上，明朝皇帝似乎觉得自己有权授予各国主权，就像他对马六甲王国所做的那样。马六甲王国由一个名叫拜里米苏拉（Parameswara）的苏门答腊叛乱分子在马来西亚海岸建立。皇帝派郑和带去圣旨，宣布马六甲王国是一个合法的国家，并相信这将为该地区带来稳定。但与此同时，中国人希望对方能够宣誓效忠于明朝皇帝，将其奉为整个亚洲的实际统治者。当对方像锡兰的亚烈苦奈儿那样予以拒绝时，中国

---

1 即妈祖，以中国东南沿海为中心的海神信仰，又称天后、天上圣母、娘妈等，是历代船工、海员、旅客、商人和渔民共同信奉的神祇。——译注
2 "十万"这个数字并非确指，在中文里，四舍五入的整数通常用来形容"很多"。——原书注
3 引自据说由郑和等人立于福建长乐南山天妃行宫的《天妃灵应之记》碑。——译注

人的反应非常残酷。

精雕细琢的宝船体现了大明王朝惊人的力量和财富，这使得前来朝贡的各国使节源源不断。他们来自孟加拉、卡利卡特、科钦（位于今喀拉拉邦）和爪哇，甚至来自日本，当时的幕府将军足利义满偏爱中国文化。据说马六甲的拜里米苏拉曾送给明朝皇帝一副眼镜，眼镜可能来自威尼斯——这在当时的中国非常罕见。皇家动物园里全是珍禽异兽，包括狮子、美洲豹、阿拉伯马和肯尼亚长颈鹿，当时中国人认为长颈鹿就是神秘的麒麟——这个解释非常吉利，因为据说麒麟的出现预示着繁荣与和平。来访的使节会在都城受到盛情的款待，如宴饮、射箭、赛马等。

▶发现还是扩张？

郑和下西洋这样的航行在整个世界上都前所未见，而且在之后的几个世纪里也无可匹敌。不过，关于其目的究竟是什么，至今说法不一。与欧洲人不同，在创建这支令人赞叹的海军时，中国人似乎并不是出于对征服他国的渴望，也不是出于对传教的热情，甚至也不是出于对贸易的迫切需求。葡萄牙和西班牙探险家的赞助人，期望从贸易收入中收回他们的支出，而永乐皇帝并没有这样的目的。

正是基于这一点，李约瑟对中国的海上探险提出了一个善意的推测。他说，从唐朝到明朝的海上航行，主要是出于对广阔世界的好奇心：一个为探索而探索的愿望。它们构成了"对已知世界的一次文雅而系统的考察之旅"。当然，确实发生了贸易行为，来自远方统治者的礼物和敬意很好地奉承了皇帝——但郑和的探险并未掺杂文化或政治上的帝国主义。"在阿拉伯，"李约瑟写道，"他们用先知穆罕默德的语言说话，回忆起云南的清真寺；在印度，他们向印度教寺庙供奉祭品；在锡兰，他们敬拜佛陀的踪迹。"他们的探险"镇静而平和，没有积怨的干扰；慷慨（在一定程度上），不威胁任何人的生计；宽容，而非高高在上；全副武装，却没有占领任何殖民地，也没有建立任何据点"。

这已成为如今中国的官方表述。在中国人看来，与欧洲人贪婪的掠夺相比，郑和的旅程是友善的、好奇的。郑和下西洋被当作爱国主义教育的优秀案例。数百年来，中国人对郑和的兴趣本已日渐淡薄，但在20世纪初，面对欧洲人和日本人带来的耻辱，作为民族自豪感的源泉，人们对郑和的兴趣重新燃起。鸦片战争和甲午战争的失败，在相当大的程度上要归咎于中国海上力量的薄弱，因此，对中国曾经主宰海洋那段历史进行追忆，似乎是可以理解的。不过，新的叙述更倾向于西方的模式。郑和的发现之旅，可以与哥伦布、麦哲伦和达·伽马的发现之旅媲美——学者、现代主义者梁启超在1905年的文章《祖国大航海家郑和传》中是这样介绍的。

但是，郑和下西洋真的那么一团和气吗？现在看来，它更有可能被视为一种"力量投射"的形式：一种不需要军事征服，就能将中国的影响力拓展到全世界的手段。早期的明朝皇帝实际上是相当激进的扩张主义者，这一点，在洪武皇帝强行进入云南的方式上表现得相当明显。在被元朝吞并之前，云南是一个名为南诏或大理的独立王国。1381年至1382年，洪武皇帝废黜了当时仍旧统治着该地区的蒙古王子，并且陆续向该地区迁入汉人家庭。1406年，永乐皇帝借口要帮助北越（当时中国称越南为大越或安南）被废黜的前统治者复位，派遣军队前去与篡位者胡季犛作战。1407年，胡季犛被俘，并被带往南京宫中。明朝皇帝吞并了这片土地，称它为交趾省。在1427年的起义之前，它一直处于中国的统治之下。

　　总体而言，一般认为，对只能通过海路到达的国家进行殖民化过于不切实际。但是，郑和期望自己所至之处都能表现出对明朝皇帝的顺从态度。这一点在长乐的碑文中有所暗示，碑文中称，这位海军将领受命"赍币往赉之，所以宣德化而柔远人也"。从《历代通鉴辑览》中可以看出，尽管郑和赏赐了对方礼物，但他所要求的回报却是无条件的效忠。文献中说，那些拒绝屈服的人都被郑和所展示的武力吓住了，所有国家都服从于明帝国的命令——在必要的情况下，是通过强制手段实现的。炫耀武力可能会发展为侵略和征服，就像锡兰的维罗·亚烈苦奈儿吃尽苦头后所发现的那样。外国统治者对帝国的船队简直完全无力抵抗，因为其所运载的士兵比其所停靠的大多数港口的男性总人口都要多。澳大利亚历史学家杰夫·韦德（Geoff Wade）表示，郑和的航行都是"带有战略目标的军事任务"。爱德华·德雷尔在2007年重新审视了郑和下西洋，他指出，这些航行之所以很少导致真正的战斗，是因为明朝的船队"足够可怕，几乎不需要战斗"。虽然清朝历史学家在1739年编纂《明史》时，基本无法公正地评价前朝的成就，但从行文中，可以看到他们的观点与上述这些现代观点一致，如《明史·郑和传》中写到，船队"遍历诸番国，宣天子诏，因给赐其君长，不服则以武慑之"。德雷尔认为，所以郑和下西洋应该被视为一种"力量投射……迫使东南亚和印度洋国家承认明朝及其皇帝的权力和威严"。韦德补充说，他们的目的是"为篡位的永乐皇帝创造合法性，展示明朝的力量，令已知的国家屈服于明朝，从而在已知的世界中树立明朝的权威并为朝廷搜集珍宝"。早在帕默斯顿勋爵[1]（Lord Palmerston）之前四个世纪，永乐皇帝可能便采取了炮舰外交的形式。他的目的与其说是殖民，不如说是控制贸易路线，同时确保外国的忠诚和贡品。正如我们先前所看到的，中国最迟从宋朝起就已开始进行海上贸易，但直到14世纪，印度人和阿拉伯人仍然控制着亚洲大部分的商业活动。明初的皇帝们把贸易作为国家扩张主义的正式组成部分：洪武皇帝禁止外国商人在中国港口定居，而且贸易成了一个国家垄断行业，禁止私商进入。

那么，这真的是一种殖民主义吗？这个词的含义存在争议，

---

[1] 帕默斯顿勋爵：即亨利·约翰·坦普尔（Henry John Temple, 1784—1865），又称巴麦尊，出身于爱尔兰贵族，毕业于剑桥大学，1809年—1828年任英国军务大臣，其后担任内政大臣。两次组阁，连续担任英国首相近十年。他是两次鸦片战争时期英国对华侵略政策的主要制订者。——译注

显然明朝的中国并不像欧洲国家那样追求帝国主义：天子所要求的忠诚，更多的是一种宇宙性的仪式，而非世俗的统治。不过，如果明朝皇帝坚持把他们的势力扩展到整个亚洲和东非，那么其与西方殖民主义的对抗迟早会到来。

一位同时期的郑和传记作家，为明朝船队的缘起提供了另外一个截然不同的"解释"。他声称，朱棣一直担心他的侄子朱允炆，即建文帝，并未死于推翻其帝位的南京围攻（基本可以肯定事实正是如此），而是逃了出去。据说永乐皇帝饱受这一想法的困扰。曾有一名大臣冒失地提及这件事情，似乎是在质疑皇帝的统治权，于是皇帝便把他的舌头割了下来。然而，这名大臣用手蘸着口中流出的血，在南京皇宫的地板上写道："成王（这是建文帝的另一个名字）[1]安在？"这些字用水洗不掉，甚至还在黑暗中熠熠发光——这就是为什么永乐皇帝觉得必须把都城迁到北京（当时名为顺天府）。在这一观点看来，郑和下西洋，目的是去世界各地寻找朱棣那个被废黜的亲人。这是一个精彩的故事，但通常被认为是一个寓言，它象征着皇帝真正关心的是证明其统治的合法性。

永乐皇帝想把都城迁回北方的真正原因，是希望监控北方边境抵御蒙古侵略者的军事行动。1403年刚刚掌权，他便开始了这一过程。他建起奢华的紫禁城，迁入10000户人家和他做伴——大部分是来自山西省的农民。大量的漕粮需要运往北方

---

[1] 见清朝谷应泰《明史纪事本末》卷十八《壬午殉难》。建文帝重臣练子宁痛斥燕王朱棣，朱棣割其舌后说："吾欲效周公辅成王耳。"指自己要像周公旦辅佐其侄周成王一样，辅佐自己的侄子建文帝。于是练子宁才写下"成王安在"。作者括号内的补充是其错误的理解。——译注

的都城——数量是洪武时期的两倍（洪武年间的漕粮主要用于给养辽宁的军队），每年超过100万吨。但是，走海路太容易发生海难或者遇上海盗了，于是永乐皇帝下令修复长期疏于维护的大运河。1411年前后，这条水道再次通航，不久之后，漕粮海运停止。直到1420年，新都城才正式落成。

然而，北方朝廷的开端充满凶兆。先是在1421年，皇帝听说有人密谋刺杀他，因此处决了数百名有同谋嫌疑的太监和嫔妃。那年春天，他从一匹进贡给他的马上摔了下来。之后，紫禁城被闪电击中，燃起了一场大火。从那以后，情况始终没有多大改观，永乐皇帝像他的父亲一样，多疑而暴虐地走完了他的一生。1424年年中，郑和被派往苏门答腊岛的巴邻旁。当这位海军将领回到祖国时，他发现一切都变了。

▶一个时代的结束

郑和下西洋就像中国其他许多超大型工程项目一样，耗尽了当时的技术储备和国家财政——因为一旦得到官方许可，它们就拥有了自己的动能。但是，既然一纸法令就可以启动，同样一纸法令也可以终止。

长期以来，朝中的儒家官员坚持认为，这些海上航行是对财政和资源毫无意义的消耗，不如将力量用在国内的水利和农业项目上。他们说，中国无法从蛮夷之邦学到任何有用的东西，而且，无论如何，沉溺于宝船带回来的那些奢侈之物，实在太不得体了。同时，他们还试图从支持郑和下西洋的宦官手中夺取权力。1424年，永乐皇帝驾崩之后，他的儿子兼继任者朱高炽，即洪熙皇帝(明仁宗)，和反航海一派站在了一起。9月，他下令所有宝船停止航行，并将船队召回南京。郑和被撤了职，不过他仍然控制着军队。

洪熙皇帝的决定并不令人意外。在1421年到1422年进行的第六次下西洋期间，他的父亲永乐皇帝已经被迫认识到海上航行费用过于高昂，尤其是与此同时他还在越南和蒙古开展着军事行动，并且建设着他的新都城。那次航行是最后一次(或几乎是最后一次)，之后永乐皇帝同意暂停海上任务，而他的儿子只是使这一禁令永久化了。

一年后，洪熙皇帝驾崩，他的儿子兼继任者朱瞻基，即宣德皇帝(明宣宗)，则站在了支持航海的一边，水手们因而暂时得到了喘息的机会。随着中国的声望明显下降，外国开始不太情愿进贡，1430年，新皇帝颁布了一道圣旨：

> 兹特遣太监郑和、王景弘等赍诏往谕，其各敬顺天道，抚辑人民，以共享太平之福。[1]

1432年1月，一支由300艘船只组成的巨大船队出发了，其目标是一条早已成熟的航线——爪哇、巴邻旁、马六甲、锡兰、

---

1 引自《明实录·宣宗实录》。——译注

卡利卡特，直到霍尔木兹；另外一些船则被派往摩加迪沙、亚丁和麦加。这是宣德皇帝的最后一次狂欢，毫无疑问，他还记得其祖父年轻时所举办的航海盛典。告别长乐港时，可能是郑和最后一次看到中国：据说他在回程中死在了海上。

实际上，这也标志着明朝航海探险的结束。王景弘，郑和的副手，和他一样是穆斯林，在郑和死后负责指挥船队。然而，1434年，在帝国船队的第八次也是最后一次航行中，他丧生于爪哇附近的一次海难，并被埋葬在了那个国家。第二年，宣德皇帝驾崩，而他的儿子朱祁镇当时年仅9岁，一场几乎令帝国分崩离析的权力斗争随之发生。

一开始，这场斗争发生在宦官和儒家官员之间。儒家官员决心遏制宦官的权力，其理由非常充分：宦官贪腐成风，坐拥巨大财富，而且凡与其敌对者都可能遭到处决或流放。朱祁镇的家庭教师、太傅王振无能且唯利是图，是宦官中最坏的之一。由于他的错误建议，年轻的皇帝（正统皇帝）于1449年颇不明智地在西北地区与蒙古人打了一仗，结果被对方俘虏。其幼弟朱祁钰被临时扶上了皇位，史称景泰帝。一年之后，朱祁镇获释，回到北京，却在紫禁城里被新皇帝（景泰皇帝）抓了起来。景泰皇帝发现自己非常喜欢管理国家。可是，朱祁镇趁其生病发动政变，夺回了皇位。之后，朱祁镇又在位七年。

在这一团乱麻之中，海上航行失去了优势地位，这一点也不奇怪。当时中国经济困难，1448年的黄河大洪水使问题雪上加霜。同时，蒙古不断侵扰北方边境，持续消耗着国家的资源。正统皇帝所支持的儒家官员建议将税收用于发展农业，更重要的是，限制海上贸易便可以减少宦官的资金来源。海军受到忽视，四分五裂，而且朝廷禁止大船出海进行实质性的航行。1500年，建造拥有两根以上桅杆的船只就会被定为刑事犯罪。1525年，沿海地区的政府机构接到命令，要求销毁所有海船，并逮捕所有乘海船航行的商人。到1551年，乘坐多桅船出海也被禁止了。[1]

胜利者一如既往地掌握了历史。据明末顾正元所著《客座赘语》记载，1477年，朝中的儒家官员宣称郑和是一个幻想家，下令烧毁所有关于郑和下西洋的官方记录——说其"所载必多恢诡谲怪，辽绝耳目之表者"。据称，之所以发生这起破坏行为，是因为帝国秘密警察头目、太监汪直想利用这些记录掀起人们回归航海的热情。目前还不清楚这个故事有多大的可信度，但不管怎样，那些宝船的图纸肯定曾经存在过，只是现在消失了。如果说，关于明朝航海的记录确实是被故意毁掉的，那么与其说这是试图压制"航海派"，不如说是试图削弱宦官的影响，宦官只不过恰好是"航海派"中的成员。

不过，人们并没有马上忘记郑和的壮举。畅销书作家罗懋登在1597年的小说《西洋记》中重新讲述了这段故事，将其描述为一段充满魔力与勇气的传奇。晚明时期，这位宦官海军将领成了

---

[1] 人类学家贾里德·戴蒙德认为，地理因素不仅造成了欧洲人对海上旅行的不同态度，也造成了中国海上旅行的突然终止。在一个这么巨大的统一国家，结局只能如此。在欧洲，由于复杂的海岸线和层峦叠嶂的山脉，这种统一在某种程度上是不可能的。他说，统一当然有其优点，但其缺点之一是中央基本上可以否决所有选项。意大利的哥伦布是一个商人，他可以把自己的方案拿到欧洲各地的宫廷中去讨论，直到在西班牙找到赞助商。但在中国没有类似的"市场"：你要么得到政府的支持，要么得不到任何人的支持。——原书注

一位受人崇拜的英雄，他模范而正直的指挥官形象被写进了诸多戏剧和文学作品。但是，清朝历史学家在1739年编撰《明史》时，则认为郑和下西洋是对时间和金钱的巨大浪费。《明史》上说，尽管郑和带回的珍宝颇为可观，但"中国耗废亦不赀"。

随着航海的结束，曾经向外扩张、充满探索精神的中国文化，在短暂而关键的一段时期中开始向内收敛。西方的探险时代激发了人们对世界的好奇，从而削弱了中世纪颇为僵化的知识遗产的影响，并最终促成了早期近代科学时代的到来，但中国失去了这个机会。一些人认为，朝廷对国家的铁腕控制阻碍了广泛的批判性探索，而正是这种探索预示着近代科学在西方的出现。这种说法言过其实了——事实是，皇帝的权力往往建立在脆弱的基础上，因此容易出现派系纷争，并且在远离都城的地方会受到削弱。但无论如何，不难想象，在中国加入海上贸易和知识交流网络的同时，西方则发现世界可能走上一条截然不同的道路：它可能会与17和18世纪西方在东南亚的利益扩张相冲突，但也会与西方思想相冲突。著名的"李约瑟之谜"——为什么近代科学是在西方而非技术发达的东方发展起来的——在多大程度上取决于这些因素？这是一场至今仍无结论的辩论。但中国在明朝鼎盛时期之后的闭关锁国，显然不是因为它缺乏应对世界水域的能力。不管明代航海终止的原因是什么，李约瑟的看法肯定是对的，这个决定"不仅对中国，而且对世界历史都产生了深远的影响"。

不过，这些航行留下了一笔遗产，它不仅加速了中国文化在整个东南亚的传播,也加速了中国人在这一地区的扩散。其他国家开始使用中国的计时方法、历法和度量衡;开始读中文书,演奏中国乐器。郑和的一些水手在他们去过的地方定居下来,娶了当地的新娘。船队解散后,一些军官和船员带着他们的家人出海,寻找更好的贸易前景。虽然明初官方禁止移民,但在15世纪,越南、暹罗、爪哇和马来半岛的华人社区发展迅速。

此外,尽管遭到了禁止,但海上贸易其实并没有停止。而且,这项禁令并没有持续多久,当它在1567年被废除时,一直非法经营的商人们潮水般涌来申请许可证。南方人对海外贸易有着持久的渴望。1662年,清朝政府又开始了一段短暂的海禁,随后在1684年又取消了。商船匆忙地建造好,穿过南海前往暹罗、马六甲和菲律宾。在1685年，英国海盗、探险家威廉·丹彼尔（William Dampier）就报告说，马尼拉的大部分商船都是中国商船，有许多中国商人、店主和工匠在这座港口城市定居。到了18世纪，中国人在这一地区的贸易额已经和英国人或荷兰人在欧洲的贸易额相当了。

在散居海外的华人心中，与中国那些半人半神的治水英雄一样，郑和始终是一位航海英雄。即便是现在，在中爪哇的三宝垄市仍有一座相当特别的寺庙，名叫"三宝洞"，据说它是郑和亲自建造的。今天，各种宗教的信徒，包括穆斯林和佛教徒，以及各民族的居民，都会来这里祭拜。如果认为郑和在海上航行时就有这样一个普世的目标，那未免过于天真，但两者之间无疑存在一些相似之处。

第六章

水利国家的兴衰

官僚治水

Chapter 6

Rise and Fall of the Hydraulic State

Taming the Waters by Bureaucracy

水文系统不断挣扎,
摆脱了人类潜在的控制,
干涸、淤塞、洪水泛滥或改道……
没有任何一个社会像中国这样,
以如此持续的能量
来重塑自己的水利景观,
也没有任何一个社会像中国这样,
以如此的规模来
重塑自己的水利景观。

伊懋可*

Mark Elvin

*伊懋可:1938年生于英国,当代著名历史学家,主要研究方向为中国经济史、文化史和环境史。代表作包括《中国历史的模式》《中国文化地图》等。——译注

夜幕降临，新月初升，群星低垂。在京郊自家花园里的退思斋中，疾病缠身的清政府退休官员麟庆[1]，用一把精致的剪刀剪好灯芯，然后坐了下来。初秋的天气还算暖和，这些天，他喜欢晚上待在这里，阅读《名山志》或《水经注》之类的著作——如今，麟庆只能通过这种方式来游览这些远方的风景。可是在展开书卷时，他瞥见附近有一个身影，起身望去，发现是一个年轻的仆人蜷缩在那里睡着了。

他站在那里思索了一会儿，然后关上窗户抵挡不断上升的寒意，接着点燃了灯。那个年轻仆人打盹的地方不太合适，但也没什么妨碍，他让麟庆想起了三国时期著名军事家诸葛亮的《诫子书》，里面有两句话一直困扰着他：

非淡泊无以明志，
非宁静无以致远。

他年轻时很是好奇，人怎样才能通过淡泊与宁静这种消极的品质来阐明或实现什么呢？行动不才是成功的关键吗？但正如麟庆后来在日记中所记录的那样，"迄今阅历仕途三十余年，始悟"。

麟庆退休后并没有感到格外宁静或淡泊。相反，他的幻想破灭了。和许多政府官员一样，他也经历了沮丧、耻辱和失败。

1　完颜麟庆（1791—1846）：清代官员、学者，满洲镶黄旗人，嘉庆十四年进士，道光年间任江南河道总督。本节相关引文均引自其作品《鸿雪因缘图记》。——译注

作为黄河及大运河水利工程的总指挥，由于黄河在1842年决口，对大运河造成了严重破坏，他丢掉了工作。不过，第二年他又被召回帮忙修补黄河堤坝上一个更大的豁口，因此得以略为体面地退了休。但是，尽管如此，麟庆心里清楚，官员们的命运完全被上天玩弄于股掌之中，无论他们多么能干（而麟庆既不缺乏能力，也不缺乏勤奋），都不可能制服黄河这"中国的悲伤"。

面对这种不可预测性，如果一个人告诉自己，可以通过果断的行动来实现持久的改变，这对他又有什么好处呢？麟庆写道：

(他)一见施行则多格阂，不数年仍罢。而未罢之前，滋扰已受害不浅，殊不知《大学》静而后能安之义。

《大学》是儒家经典"四书"之一。与所有清朝公务员一样，麟庆也熟读儒家经典。如果允许平静地接受命运，那么"静而后能安"这句话便似乎是在为道家的禁欲主义背书。然而，麟庆所思考的并不是向大自然的变迁屈服，而是一种更有儒家味道的东西：在社会层面优雅地放弃进取，放弃财富。因为麟庆认为，自己职业生涯的动荡既要归咎于黄河浑浊的水体，也要归咎于国家官僚主义的暗流。这辈子，面对那些自高自大的官员、腐败的奸商和堕落的纵欲主义者，他一直在努力做好自己的工作。麟庆写道，"(他们)不淡泊"，因而"不能明志"。一位完美的儒家君子所需要的不是奋斗，而是几乎轻若鸿毛的淡泊与宁静。这便是诸葛亮一直在告诉他的东西。不过，现在再去从中寻求帮助，似乎为时已晚。

一个声音惊动了麟庆：那个仆人醒了。"乃掩卷出退思斋……"他写道。那天晚上过后不久，他便告别了这个世界。

▶明朝的水利

明朝和清朝 (1644—1912) 的皇帝们把都城设在了北京，这使水资源管理的问题变得格外紧迫，因为，连接南北的运河和河网必须畅通无阻。除了明朝永乐皇帝的反复无常之外，定都北京这个决定还有其他的逻辑：在朝廷和北方的戍边军队之间保持太远的距离是不明智的，如果军队过于独立，便总是会有将领率众叛乱的风险。而对于清朝统治者——来自中国北方的满族征服者——来说，南方则是一片太过陌生的领土。总之，大运河与黄河运输系统的完整性变得至关重要。到了18世纪中叶，都城北京消耗的粮食有一半以上都是通过水道由南方运来的，这意味着必须不惜一切代价保持水道的畅通。这是一笔相当巨大的开销：这条运输通道的维护费用要占政府总开支的10%到20%。历史学家兰德尔·多根[1] (Randall Dodgen) 写道："通过把战略利益与大运河运输和黄河控制关联起来，明清统治者将象征与实用联系到了前所未有的程度。管理黄河不可避免地成为帝国行

---

1 兰德尔·多根：美国历史学家，耶鲁大学中国历史博士，代表作有《控制龙》《水利进化和王朝衰落》等。——译注

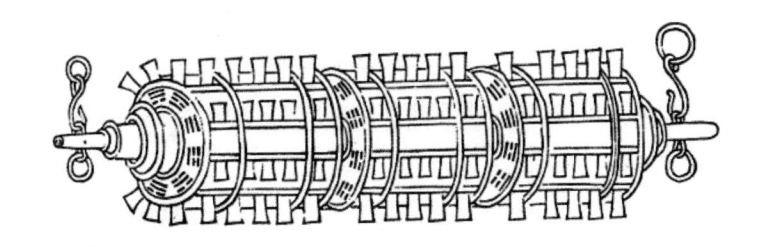

宋代使用的一种疏浚设备，类似"浚川耙"。中间是旋转横木，上面装有铁钉。在两端缆绳的牵引下，它会沿着河床向前滚动，从而持续地搅动沉积物。

政管理的中心任务之一。"

早在公元前7世纪的春秋时期，齐桓公就颇有先见之明地修筑了黄河下游的堤坝。汉朝的贾让和王景这两位早期治水英雄曾加固堤坝，并建造水闸以抽取灌溉用水，减小河水流量。宋朝统治者开始疏浚黄河，试图阻止河床升高，不过在1194年，他们还是遭遇了一次大决口，黄河因而改道。元朝时期，统治者努力建起一个稳定的，连接长江、淮河和黄河的综合水道系统，所以河道疏浚和河堤整饬都变得更加系统化。

疏浚黄河不仅需要严谨的组织，更需要先进的技术。宋朝政府于1073年成立了疏浚黄河司，开始部署配备疏浚工具的船只。其中一种工具被形象地命名为"铁龙爪扬泥车"，它沿着河床拉动一个巨大的耙子，搅起淤泥，使其顺流而下。"浚川耙"同样利用了这一原理，它是一根2.5米长的旋转横木，上面装有铁钉，样子像是打谷机，不过是用来打河泥的。明朝御史陈邦科[1]在16世纪晚期引进了一些新技术，比如用水流使木制机器不断地滚动和振动，从而持续地搅动沉积物。而在旱季，陈邦科则建议直接人工挖出淤泥。

1471年，明朝设立了河道总督这一职位来管理黄河和大运河。这个新机构考虑了两种不同的防洪理论。汉朝的贾让倾向于道教传统，他认为，人们应该运用"无为"的原则来治理河流，让水有足够的空间去寻找其天然的河道。河流就像孩子们的嘴巴，他说，要想使其停下来，你要么让孩子们喊得更大声，要么把他们的嘴巴捂住。他的治水哲学是多建灌渠，分流多余的河水，在宽广的两岸开辟出一大片洪泛平原。与之相反，儒家学者则认为应该建起又高又窄的堤坝，逼河水听从人类的命令。这两种对立观点之间的紧张局面从未消失。李约瑟写道："在长达两个世纪的时间里，这两个学派不停争论，但谁都没有彻底成功。"不过也有其他的选择，不一定非此即彼。人们可以截断分水渠，解除对河流的约束，也许它便可以一直流进大海。人们可以建造水库，在汛期储存多余的水。人们也可以积极地疏浚河床，阻止它的升高。哪一个才是最好的办法？

明朝官员潘季驯曾在1565年到1580年之间先后几次担任过总理河道大臣，他提出的解决方案在接下来的几年里受到了人们的关注——可以说，这使他成了中国历史上最伟大的治水英雄之一。他认为，你不需要费力地挖掘沉积物，河流可以为你

1　　陈邦科：生卒年不详，万历五年（1577）进士，曾任南京御史。——译注

做到这一点。如果水能被约束在一条狭窄的河道里,水流的速度将快得足以冲走河床上的淤泥。这个办法被称为"束水冲沙法"。汉代的儒家经典著作《周礼》曾用类似的概念描述过国家制度和政府原则:"好渠自水。"同时,《周礼》还建议,可以将一些淤泥堆在堤坝上用以加固。这样一来,这条河就是在为你服务了。

不过潘季驯承认,光这一个办法还不够。明智的话,还应该在离河稍远的地方建造二级堤坝,以防主堤决口。唯一的问题是,一级和二级屏障之间会留下一片含沉积物的肥沃土地,农民很容易在上面耕种。还没等你意识到,原本应该是蓄洪池的地方就已经变成了农田:这无疑将导致灾难。几个世纪以来,防洪需求和农业生产之间的矛盾,一直是河谷地区悬而未决的问题。

潘季驯还提出,可以将江苏的洪泽湖作为淮河的蓄水池,然后再将里面的水放回黄河去冲刷淤泥。要实施这项计划,需要先做一些补救工作。1494年黄河决口时,大部分洪水都被导入了淮河,淤泥使洪泽湖不断扩大,最终抬高了湖底,致使淮河水根本无法流进去。要想让洪泽湖重新成为用于冲刷黄河的蓄水池,必须首先对其进行彻底的疏浚。

因此,潘季驯的愿景并非控制自然,而是要把整个黄淮水系变成一个基本完全由人类管理的管道和排水系统。在现代工程机械出现之前,黄河治理机构一直就这样通过大量劳动力来进行主动控制:维护难度极高,需要时刻保持警觉,还要由统治者承担巨额的开支。

清朝河道总督靳辅在18世纪采取了儒家的筑堤战略。为了确保工程质量，他成立了一支有偿的劳工队伍。直到20世纪中叶，建造堤坝的手段大多仍与宋明时期相同：铁锹、手推车，以及令人筋疲力尽的劳动。堤坝由冲积土堆成，被压得简直像混凝土一样结实。它们通常由植物纤维加固，其中效果最好的是一种名叫高粱的作物。它的根系四下蔓延，能够像网一样保持住土壤。秸秆被捆成捆，上面淤泥堆得越多就越紧实。但这并非永久性的解决办法：两三年后，高粱会腐烂松动，因此通常要用一种名叫石笼的长条篮子进行补充。这种篮子由柳条、竹子或大麻编织而成，外面捆上绳子或钢丝，里面装满石头。要把这些东西全都搬到合适的地方，并用泥土填满所有的缝隙，需要成千上万当地农民的合作——通常是无偿的，有时甚至是强制的。

虽然这听起来像是一个关于封建压迫的经典案例，实际上却是件挺有意思的事情，它说明了中国人是如何平衡公共利益与私人利益的。整个明朝中晚期，政府官员一直在讨论，应该如何将这一公共事业的责任在政府、土地所有者和百姓之间进行分配。通常采取的原则是由受益人承担主要成本——这在当时的社会结构中是合理的。在徭役制度下，每个土地所有者都有义务为这项事业提供一定数量的劳工，其比例取决于他们拥有多少土地以及希望从中取得多少收益。当然，这项事业也符合农民的利益，只是并不能抵消其中的危险和艰辛。

然而，这一原则很难执行。许多土地所有者都住在远离自己土地的城镇，而且富裕的家庭通常会建造属于自己的灌溉系统。明朝官员周凤鸣认为，个人追求利益并没有错：出于进步的利己主义，他们会对堤坝进行维护。

尽管计划周详，但这终究是一项无尽无休的工作：就像西西弗斯受到的惩罚一样。农民们总是感觉还没把这次的决口堵上，马上又要面临另外一次。即便在汛期控制住了，也需要持续对堤坝进行监测与维护。在黄河流域，人们常说，堤坝建了如果不管，还不如不建。

▶洪水官僚主义

历史学家有时认为，一个王朝控制黄河的能力是其生命力的风向标。按照这一观点，从水利工程的兴衰，就可以判断出这个国家是健康的还是正在腐败和无能的压力下奄奄一息。有些人甚至察觉到，就像某种气候周期一样，皇权和帝国也存在着一种准周期性的兴与衰。[1]在魏特夫的亚洲"水利专制"理论影响下，历史学家胡昌度[2]提出，在软弱的道光皇帝和庞大而迟钝的水利官僚机构统治下，19世纪中叶前后的晚清王朝已进入衰亡期。与控制黄河相比，此时的水利机构更关心的是保障自

---

1 这种水利循环更替的概念自古有之。孟子认为，政治有季节性，需要每隔500年左右就进行一次朝代更替。在中国，权力一直被认为有其自身的更替规律。——原书注

2 胡昌度：1920年出生于江苏镇江，原名胡邦宪，曾任美中关系全国委员会委员等职，著有《中国及其人民、社会、文化》等作品。——译注

己的生存。

不过,这种观点太模式化了。它传达着一种古老的信仰,即遭受大洪水的皇帝都失去了天命。认为一场大洪水有可能推翻一位皇帝,这无疑过于简单。首先,社会和政治的不稳定可能先于大洪水,而不是洪水的后果:如果皇权正在日渐衰微,想集中所需的资源去维护堤坝就会更难。

的确,一场毁灭性的洪水可能是压垮软弱政府的最后一根稻草。但这并非说是由于国家衰弱和混乱才会发生这样的灾难。事实上,水利,尤其是黄河水系的水利,是一个任何领导者都无法掌控的庞大问题。养护堤坝,支付修葺费用,并在洪水发生时提供救灾资金,这些大概占了国家总收入的十分之一,基本掏空了帝国的金库。道光皇帝不断试图削减成本,这一点不能怪他。尤其是在19世纪中期,他不得不支出大笔费用应对两次严重的危机:英国的殖民主义侵略和国内的红巾军起义。从他甫一继位,国家财政便危机四伏。鸦片的非法贸易意味着钱离开了官方流通渠道;1794年至1804年,乾隆和嘉庆皇帝统治时期的白莲教起义严重削弱了国家财政。更糟糕的是,用于镇压叛乱的资金被乾隆皇帝最宠爱的官员和珅贪污了。(尽管这件事被视为清朝高层腐败盛行的一个例子,但它在任何朝代的政府当中都可能发生。)

然而,不可否认的是,在19世纪初,黄河治理机构是一个耗资过高的庞然大物。自明朝初建以来,这个臃肿的官僚机构中的每一个人(包括司库、军官、管理者和文职人员),都以典型的官僚方式,为他们的朋友、孩子和家人谋求职位和晋升。

用粮食为官员支付薪水的传统消耗了运往都城的大量粮食，因此白银成了临时的支付工具：这说明了这个机构的规模——或者至少说明了它所需要的预算。这个过度扩张的组织不得不通过出售职衔来补充收入——一些人员的职位就是这样买来的，因此它基本不可能保证精英治理。而由于许多高级官员自己就是这样爬上去的，所以他们没有动力去杜绝这一做法。

人们指控这些官员挥霍无度，贪污腐败，中饱私囊或流连青楼。当时有各种各样的传闻，其中一些被收录进了粗鄙的小册子，用作宫廷权力斗争的宣传（或娱乐）工具。一篇名为《河工奢侈之风》[1]的文章描述了一名官员举办的奢靡宴会，在宴会上，客人们吃的是活猴脑和用活骆驼的驼峰煮的汤。

尽管如此，这个机构倒并非完全堕落而无能。不过有一个问题非常要紧——它的管理者都不是技术专家。官员们之所以获得相应的职位，是源于他们对儒家经典的了解：他们没有理由精通水利工程本身。换句话说，对于一个人是否有资格担任政府职位，存在一种危险而狭隘的观点（尽管从某些角度来看，现代西方民主国家对于部长的任命并没有太大的不同）。

虽然获得职位的标准有时会过于宽松或者任职者不够合适，但保住职位是另一回事。在明清两代政府中，渎职者即使不受到更为严厉的惩罚，通常也会被撤职或被当众羞辱。因此有些时候，真正有能力的人通过努力也可以身居高位。

1　见清代外交官、政论家薛福成（1838—1894）所著《庸庵笔记》。清代将河道治理机构的官员称作"河工"。——译注

道光年间的麟庆就是其中之一。1833年，麟庆被任命为江南河道总督[1]，之后，他开始尝试将技术能力作为水利官员晋升的条件。

另一位有能力的水利工程师是麟庆在河南的同级官员，河东河道总督[2]栗毓美；在嘉庆皇帝治下的几次水利危机中，他表现都很突出。在一个鼓励胆怯者和保守的随波逐流者的环境中，栗毓美从不害怕创新。（他也从不怕对自己的想法和能力表达完全的信心；幸运的是，基本每一次他都是对的。）他认为，不应该用易受侵蚀的夯土筑造堤坝，而应该用结实的砖块。这样做成本更高，也更耗时，但栗毓美开办了国有砖窑，从而可以规避私人厂家的过高收费。他的措施健全而有效，他的清廉使他成为有德儒家官员的典范。1877年，官方为他建了一座祠庙，称他为"栗大王"。即使现代文明已经初露曙光，一个人仍有可能成为河神。

▶对水利官员的考验

然而成神之路是多么艰难而曲折！难怪很少有人能够成功。不管这些人多么能干，他们面临的任务，用尽当时所有的技术或资源也无法完成。黄河是一条可怕的巨龙，太难驯服。无论这些总指挥或总督多么认真地履行自己的职责，一场大洪

1　负责江苏河道的疏浚与堤防。——译注

2　负责山东、河南河道的疏浚与堤防。——译注

水就会令他们脸面全无。其中一些最为优秀者被撤了职，可他们并没有犯下任何过错。麟庆就是其中之一。

1825年第一次赴任水利机构，麟庆就全身心地投入了进去。当一些儒家官员稳坐高位，沾沾自喜，坐收渔利之时，麟庆则开始尽可能地收集全部相关知识。他这样记录："(我)爱陈治河诸书，博观约取。"[1] 他冒着酷暑和暴雨巡视工地，向他遇到的每一个文武官员提出谦逊而机敏的问题。如果在现场发现什么工具或测量仪器，他会找一个人详述它的使用方法。最终，他拿到了一大批水利工程著作。系统地仔细阅读之后，他编写了一本书名相当现代化的手册——《河工器具图说》，并于1837年出版。他说，之所以给这本书配插图，是因为看文字不易理解的地方，可以通过插图去理解，反之亦然。

他用同样的方法编写了《黄运河口古今图说》一书，描述了明末以来黄河、淮河和大运河交汇处的工程变化。这三条河当时交汇于江苏省的洪泽湖附近。这两本书都属于实用类，但麟庆知道该如何使其抵达他的目标读者：儒家文人。麟庆把它们写得就像今天的政府科技简报，用官僚能够掌握和使用的术语来表达复杂的技术问题。道光皇帝非常信任麟庆，令他审计江南河道总督署的财务状况，并根除其管辖范围内的贪污腐败和管理不善。在诸多违规行为被暴露出来之后，他并没有为自己辩解。在1841年之前，他始终被视为官员的典范。

1　引自完颜麟庆《河工器具图说》。——译注

然而，当黄河于次年再一次挣脱控制时，这些成绩对他并没有什么帮助。

1839年，英国海军派遣军舰前往长江沿岸，企图销售从印度殖民地进口的鸦片，自此，情况对于道光皇帝来说便开始恶化。1841年初秋，为结束敌对状态而进行的艰苦谈判破裂了，冲突即将再一次开始。就在英国船只聚集于长江三角洲之时，一场灾难袭击了中原地区。8月2日，在河南开封北部祥符县的张家湾，强降雨使黄河大浪漫过了南侧的堤坝。就在一年半以前，临终之际的栗毓美曾指出这个地方的河岸正在受到严重侵蚀，需要予以关注。他原本打算对其进行加固，但在他去世之后计划便落空了。

栗毓美的继任者是一位名叫文冲的官员，与自己的前任相比，文冲不具有任何专业知识。对他的任命说明了道光皇帝面临的一个巨大困境——由于担心水利机构腐败成风，道光皇帝更喜欢清正廉洁的官员，而非擅长河道治理者。文冲属于前者；事实上，他与水利机构从未有过任何接触，而这对他来说是有利的，这说明他肯定没有受到水利机构违规倾向的影响。文冲在打击贪污腐败、滥用职权和奢侈浪费方面达到了道光皇帝的预期，他甚至发现栗毓美在簿记上作了假，虽然后者只是为了确保在需要时能立即拿到资金。但是，对于河道的堤防工程，他确实了解甚少，这一点无法伪装。

洪水迅速漫延。这天夜里，祥符县被冲毁；次日一早，开封百姓发现自己的城市已完全被泥水包围。正如我们将在后文看到的,开封人民对洪水并不陌生,在距离城墙不远的地方,早就筑起了一圈土坝。但这道屏障太过低矮,无法阻挡这样恐怖的洪水——它本来的目的只是吸水并使水流转向,这样,风化的古老城墙就不会受到水流的全力冲击。结果,洪水漫过了坝顶,很快便开始四下冲刷墙壁,破坏地基。城墙眼看就有倒塌的危险,而城门也挡不住水。开封的大街小巷都被淹没在了水中。

城外的农民都设法进了城,因为在城里可能更容易找到食物和栖身之处。这意味着开封很快就过度拥挤到了危险的地步。还有一些人,尤其是游客,则试图离开这里。如果负担得起的话,他们会购买船只,不过他们未必拥有操控船只的技能,时不时地就会与露出水面的树木发生致命的碰撞。这些树有时是农民们唯一的避难所,他们不得不爬上树枝,期望能在冻死或饿死之前看到一艘救援船。

情况进一步恶化。张家湾的豁口起初很小,但6天后,河水又开始上涨,最后冲出了一个宽达1000米的豁口,将黄河水一股脑全都灌进了淮北平原。现在开封变成了一座浸在水中的孤岛。从程序上讲,这种情况下应该剥夺文冲的官衔。于是,黄河决口两周后,文冲被免职了。同样的命运也降临到了他的上司步际桐[1]身上,决口当晚,步际桐去了其他地方巡视;另外一个被免职的则是河南巡抚牛鉴。但是,如果没有人负起责任,这

---

1 步际桐:直隶枣强人,道光九年(1829年)登进士,道光十九年四月任山西平阳府知府,十二月补授河南河北道。——译注

个地区将很难应对这场危机，因此，道光皇帝又命令这几位官员必须留在岗位上继续工作——这种吃力不讨好的局面，只会让他们遭受更多的失败和耻辱。

洪水一旦爆发，即使力量受到分散也不会停止流动，同样，也不会停止侵蚀。黄河在摆脱束缚之后，不断冲刷着开封颓败的城墙，也不断消耗着那些开封保卫者的声誉——以及皇帝的权威。9月初，开封城墙的西北角开始坍塌。虽然这道屏障现在根本阻挡不了洪水，但它至少缓和了水流的冲击：如果没有它，洪水将横扫整座城市，冲走所有建筑。面对这一迫在眉睫的灾难，这座城市的官员们采取了绝望中最后的举措：将手边的所有东西都拿去加固城墙。他们用能够找到的一切去修补缺损：从房屋、寺庙甚至城楼上拆下来的石头和砖块。牛鉴召集手下进行祭拜，向河神求援。也许他的祈求被听到了，因为冲刷西北侧城墙的水流很快分成了两股，并开始向远处转移。城墙撑了下来——但也仅此而已。

城市淹没在两米深的水中。官府设立了食物供应处，并派船到附近城镇去取补给品。处境十分绝望。现在该做些什么？

文冲认为，目前还不可能挡住洪水，即使挡住，也会损失巨大。因此，他建议开封及其周边地区的居民撤离。关于如何防止这样的灾难再次发生的远期问题，他改变了看法。他说，儒家试图把水限制在一个由窄堤构成的复杂系统中，这只会让洪水在爆发时变得更糟；恰恰相反，我们要做的是采取大禹的优势策略，即"顺势而为"的道家原则。

就这位运气不好的河工而言，这被认为是一种纯粹的机会主义——他的批评者指出，他甚至都没有亲临受灾的开封。文冲提出弃城，任洪水肆虐，被指是试图把这场灾难转移给他人。因为如果洪水涌入洪泽湖，淤泥便会最终堵塞黄淮之间那段大运河的关键部位。听到文冲的计划，皇帝被激怒了，判处这位官员在秋末冬初的三个月时间里，每天都戴着沉重的木项圈站在河岸上。之后，文冲被流放到新疆最北部的伊犁地区服劳役。其他四名被控渎职或无能的河南官员也遭受了同样的残酷命运。很难说他们究竟是否罪有应得。面对如此巨大的灾难，很难找到特别有效的策略，也很难知道该如何充分利用有限的资源，而且考虑到在治水方面缺乏经验正是得到任命的部分理由，像文冲这样的官员基本不可能知道究竟该做什么决定。

从事水利工作，完全不是人们常说的那种闲差。当然，你可以暂时享受官员的特权，但不管你如何尽力准备，每年夏天开始下雨，个人的灾难便会逼近。无能、懒惰和欺瞒的确存在，但是在某种程度上，如果你业有所长、工作努力，你就更容易受到攻击，因为你很可能会被提拔到那种一旦出了问题，责任就会全都压在你身上的职位上。我们意识到，官员的薪水有时会过低，而且除非采取预防措施，做好个人经济储备，否则一场大洪水这样的灾难，就可能会让官员们因丢掉工作而陷入贫困，所以，我们很难去谴责这里或那里些许的贪污或作假的簿记。即使官员们没有在这种情况下丢掉工作，他们也可能不得不自掏腰包支付极其昂贵的修复费用。这些措施并非简单的责任问题：它们可能是皇帝在缺乏专项资金的情况下完成必要工作的唯一手段。换句话说，至少在水利机构，个人和国家财政之间的不清不楚更多是一种实用主义，而非渎职行为。即便是皇帝，也在一定程度上了解这一点，因此，只要能把事情办好，他们可以对谋求私利纵容姑息。

兰德尔·多根说，基于这些原因，对于那幅把清朝水利描绘成一只颓废无能的巨兽的漫画，我们应该持怀疑态度。毕竟，一些指控出自利益相关者，因为黄河和大运河抢走了沿海岸进行海上粮食货物运输的潜在生意。另外一些指控则令人难以置信：很难想象（偶尔会有人这样认为），虽然洪水有可能给管理者带来毁灭、耻辱和流放，某些河道官员却故意允许洪水发生，以便在修复工作中谋求利益。对于保守派官员来说，激进变革的新方案一旦失败，自然便很有可能凸显他们的轻率和过失。所以，为什么要冒险创新，而非简单地试着避免明昂的错误呢？如果说规章制度和繁文缛节的确在明清时期激增，那么其中的一些之所以诞生，可能是为了保护官员免受皇帝的任性和强权的影响。

因此，像麟庆和栗毓美这样，以极具智慧的想象力，清正廉洁地努力完成一项基本毫无希望的任务，就会赢得人们的深切同情。中国的河道官员可能特别容易受到残酷的气候和地理环境的影响：一场洪水会制造出一批替罪羊，而饥荒、干旱或蝗灾却很少导致这种结果。可以说，这恰恰反映了中国水利工作的成效：正因为河流治理似乎已经开始成为可能，难以避免的失败才成为指责的理由。

悬在头上的达摩克利斯之剑逼得一些官员走投无路，最终滑向致命的深渊。张家湾决口之后，一名中士被革去了军衔，为了挽救自己的名声和职业生涯，他不眠不休地监管黄河大坝的修复工程，甚至经常泡在冰冷的河水之中。最后他劳累而死，成了百姓眼中的英雄。一名官员若想痛改前非，付出的代价可能会是他的生命。

1841年的洪水最终得到了遏制，代价是难以数计的物质、劳动和生命。工人们开凿引水渠，修起新的堤坝，但是随着泥泞的秋天变成严寒的冬天，他们不得不用鹤嘴锄把冰冻的地面和堵塞水道的浮冰刨开。1842年2月，一场风暴中断了堵住豁口的努力，摧毁了部分维修工程，导致数百名工人淹死在冰冷的水中。直到3月中旬，最后一个塞子才终于到位，这一关键步骤被称作"合龙门"。

平静的事态只持续了5个月。到了8月，一切重新开始。22日的一场暴雨使江苏北部桃源县的黄河大堤上出现了600米宽的豁口，这使得湍流在沿着原来的河道流到60公里外的海岸之前，先流入了大运河。

许多官员都因此被追究了责任，其中包括麟庆。由于被派往南方参与解决第一次鸦片战争中清军与英军在长江上的冲突，因此，在那年夏天的汛期临近时，麟庆未能像往常一样执行巡视任务。这被视为借口。尽管没有像可怜的文冲那样受到羞辱，但他也失去了工作和职衔。

▶**最后的战斗**

不过，对麟庆的处罚很快就撤销了。次年，他被召回帮忙处理一场由7月的狂风骤雨引起的更为灾难性的决口。事件发生在距离河南开封40公里的中牟，这是一个以洪水泛滥而闻名的地区。1843年的中牟洪水令安徽省的大片耕地淹没在了两三米深的淤泥之下，饥荒迫在眉睫。出于对麟庆能力的认可，清政府将其召回负责修复工作。

当时的条件相当有限，几乎不可能完成这一任务。由于张家湾和桃源先后发生的洪水，资源——人力、财力、物力——已经严重枯竭。然而，尽管情况危急（事实上，很可能正是因为情况危急），官员和承包商却不假思索地通过欺骗和偷窃来谋取利益。囤积居奇的材料供应商也肆无忌惮地提高了价格。这些是中国的大型工程项目中始终没有解决的问题。此外，在过去，没有人真正关心劳工。毋庸置疑，他们的工资极其微薄，因此他们不得不在恶劣的天气里穿着单衣单裤和凉鞋。一位官员曾在1844年2月说过，中牟的工人衣着单薄，形销骨立，硬撑着出来找吃的，却只能在跌倒后冻毙原地。需要的时候就雇用，不需要的时候就解雇，根本没人考虑他们的生计，结果便是一群群食不果腹的失业者在城市里四处游荡。洪水造成的诸多影响当中，统治者最担心的就是这种社会动荡。

直到冬天，中牟的洪水仍旧丝毫没有得到控制，那简直是惨绝人寰的一年。次年3月，当暴雨导致水位再次上涨时，堤坝的修复工作仍未完成，而付出的经济成本却已相当巨大。随着春季洪涝迫近，修复工作只能暂停，一些本已完工的堤坝甚至又被拆除，以免损失宝贵的原料。但到了8月雨季结束，似乎有可能重新开工时，道光皇帝已经受够了。他抱怨说，又要养兵，又要治水，每年都在要钱，难道不能等到明年再去修河堤吗？而相关的官员则坚称，不行，趁着情况还没变得更差，这项工作必须尽快完成。于是，修复工作又一次开始了，却又一次拖到了冬天，而浮冰则夺去了更多的生命。

黄河上的"龙门"终于在1845年2月初合上了。官员们挽回了声誉——其中一位是麟庆，不过衔级比以前低了——这条河再一次被控制在了两岸之间。但是，中牟洪水所破坏的不仅仅是收成和家园。它耗尽了国库，毁掉了水利机构的名声，令皇帝精疲力竭。多根写道："虽然在1845年之后的几年里恢复了常态，但对于黄河控制系统和维持它的官僚机构来说，这只是回光返照。"对道光皇帝本人来说也是如此——他在1850年去世，享年67岁。如今，人们普遍认为他是一位善良却无能的统治者，有生之年，他从未认真了解过19世纪的现实。

这是一种多么奇怪，甚至是绝望的状况啊！这群劳动人口使用的劳动方法与汉代基本没有任何区别；而监管他们的那个风雨飘摇的官僚机构，则简直可以成为讽刺小说的绝佳素材——直到那时，他们仍然认为把粽子扔进水里祭拜河神可以防洪。而这一切，都发生在一个正面对着西方现代军事进攻的国家。中国20世纪的现代化主义者无疑有理由批评自己的国家故步自封。但是，既然能够接受从元朝的马可·波罗到晚清的西方列强对中国一成不变的观感，如果能够认同其始终将大部分机构动员起来对付洪水这一举动，那么，这些现代化主义者本可以更为清晰地理解这个国家。

总之，1843年的洪水预示着水利机构的崩溃。它击垮了道光皇帝，而他的儿子、继任者咸丰皇帝却没有兴趣重返战场。19世纪50年代早期，在另一场洪灾之后，大运河基本被废弃了，只能通过海运沿海岸运送漕粮。1855年，黄河在铜瓦厢再一次决口，洪水过后无人尝试修复堤坝，取而代之的是，这条河就此留在了原河道以北约800公里处的新河道中。官府没有修建高堤作为防洪屏障，只修建了矮堤来分散洪水的冲击。河东河道总督认为，应该让黄河自行用淤泥筑造河岸——这些沉积物还能同时开辟出新的农田（尽管经常有被淹没的危险）。与其说这是道家工程思想对儒家工程思想的胜利，不如说是对治理失败的厌倦。河流治理基本被彻底放弃，1861年，河道总督一职被撤，一切都留给地方当局应对。这场战斗似乎是黄河赢了。

▶耶稣的兄弟

19世纪下半叶黄河治理机构的解体被解读为对清朝自身命运的一个隐喻。在经历了18世纪康熙、雍正、乾隆三位"大帝"的辉煌之后，除了缓慢的衰落，清朝再无其他成就，而两次鸦片战争的失败只是一个开始。从广义上讲，这是一种公平的描述，但很难说这幅图景是否指向任何因果关系。是衰落的王朝失去了治理河流的力量和权威（实际是授权），还是难以驾驭的水系不可避免地削弱了皇帝的力量？也许两者兼而有之。说清朝统治者由于冷漠和软弱而失去了对河流的控制，这种表述未免太过简单，但如果真是这样，他们的宝座就会开始摇摇欲坠。

咸丰皇帝在1850年继承了一个毫不诱人的皇位——水利工作一片混乱，受制于外国殖民势力，随后爆发了太平天国运动。清朝统治者认为，太平军比英国人构成了更大的威胁，因为英国人只是要征服他们，而非取代他们。咸丰皇帝的弟弟在奏折中说："发、捻交乘，心腹之害也……英国志在通商，暴虐无人理，不为限制则无以自立，肢体之患也。"[1]

对灌溉系统的忽视导致了饥荒，这似乎在一定程度上造成了太平军所引起的混乱。而其他的多米诺骨牌也将陆续倒下。英国输入的鸦片严重破坏了传统的社会结构，中国的战败使市场上充斥着进口商品，导致民族工业衰落，工人失业。所有这些问题，不论正确与否，都被摆在了清朝统治者的面前。

无论究竟掺杂着哪些问题，总之，没人能够预知这一动荡的性质。在中国南方，推翻清政府的理由并不难找，但太平天国领袖洪秀全所提出的似乎并非最具说服力的一个。洪秀全坚称，一个外国的神——基督教传教士的神（上帝）——透露，他，洪

---

[1] 引自《清实录》，咸丰皇帝的弟弟指恭亲王奕䜣。——译注

秀全，是耶稣的兄弟，并让他去推翻清朝。太平天国运动本质上是一场千禧年运动[1]，同样的运动曾在宗教改革时期震撼了西欧。它是乌托邦式的、民粹主义的、神秘的、宗教色彩浓厚的。洪秀全承诺，要建立一个人人平等、天下为公的太平天国。

1836年，在广州参加科举考试时（未通过），洪秀全通过传教士接触到了基督教。关于基督的信息在当时的中国还是新鲜事物，雍正皇帝于1724年颁布的传教士禁令直到不久前才刚刚解除。还有什么比洪秀全的姓氏更吉利呢？"洪"的意思正是"洪水"[2]。洪秀全拿到了一本由传教士分发的中文版基督教小册子。他读了《创世记》中的洪水故事，里面告诉他是"洪"摧毁了世界，并使世界重生。不仅如此，洪秀全当时的名字——火秀（第二年，在神志不清的濒死之际，他看到了预示般的幻象，其后给自己改名为"秀全"），与故事里上帝的名字用了同一个字：耶和华在那个版本中被写作"爷火华"。火，与水对立。在第一次鸦片战争即将爆发之时，洪秀全从末日的角度来看待这些事件，认为是上帝选择了自己来推翻清朝的暴政。1843年，他创立了一个基督教教派，随着与政府矛盾的不断加深，起义爆发了。

基督的兄弟竟然是来自中国广东的农民，这似乎不太可能；而另一个令人惊讶的事实是，类似这种鼓吹公有社会的起义，在封建中国并不多。反满情绪和汉族民族主义普遍存在，尤其

---

1 一度流行于太平洋群岛土著民众中的宗教（民族）复兴运动，由于声势较大，在某种程度上动摇了殖民统治。——译注

2 它也可以表示"巨大的"：洪水的洪就是这个意思。在本书中，它还出现在了明朝第一位皇帝洪武皇帝的名字里——这部分解释了它对清朝那些忠于明朝者的重要性。——原书注

是在南方；广东还孕育出了诸如红巾军和天地会这样的反清复明组织。洪秀全与其同伴冯云山所宣扬的救世主思想尤其引起了天地会的共鸣——这不仅是因为天地会的成员大部分都和他们两人一样，是来自广东及其周边地区的客家人，而且源于一种语言学上的巧合。天地会像江苏的青帮一样，也使用一个秘密口令：洪。事实上，他们经常被称为洪门，在今天的台湾地区和香港，他们仍以这个名字继续存在。在台湾，他们组成了一个共济会式的政治兄弟会；而在香港，他们则是非法的，因为他们与黑社会犯罪组织三合会有联系。

出于对清朝的排斥，太平军拒绝自己身上出现明显的清朝统治标志，比如留辫子。他们采取了一些可圈可点的措施，比如禁止鸦片和男女平等。洪秀全还禁止了从古代传下来的女性缠足陋习。

和过去的起义一样，洪秀全的革命队伍也认识到了控制水道的重要性。他们向北进入湖南，进攻湘江上的长沙，并在江上建起浮桥，这样围城的军队就可以来往于两岸。尽管清军守住了长沙，但洪秀全将在长沙码头虏获的船只集结成了一支庞大的水军，继续向洞庭湖和长江进发，并且掌握了如何在河上巡逻以防伏击。接近长江上的武汉时，他们已在河战中练就了纯熟自如的可怕战术。历史学家史景迁[1]（Jonathan Spence）这样描述道：

---

1 史景迁：出生于1936年，历史学家，著名中国史研究专家，以研究明清史见长。代表作有《曹寅与康熙》《太平天国》《王氏之死》等。——译注

(他们)出人意料地登陆；在某个地方丢掉由数百条船组成的船队，又在突袭某个毫无防备的河畔城镇时夺取上千艘新船；为了拖延敌人的追击，过了桥就把桥砍断；为了牵制清军，将船和船夫一同带走；在没有桥的地方建造浮桥，用完后拆下来，移到下游再次使用。

通过攻占武昌和汉口，太平军夺得了长江中游，看上去势不可挡。1853年2月，他们率数千条船从武昌出发，顺流而下，准备收获更大的战利品——南京及大运河枢纽城市镇江和扬州。3月底，南京沦陷（随后的4月扬州沦陷），洪秀全在这里建立了太平天国，改都城名为天京。在那里，他统治长江流域经济区达十年之久。

太平天国企图攻取清朝的都城北京，但其北伐军却屡遭败绩。尽管对北方的严冬毫无准备，他们还是设法渡过了黄河。1853年10月，一支队伍到达天津郊区，距都城只有110公里。但是由于这里地势开阔，他们敌不过清朝的蒙古骑兵，被赶回了大运河畔的山东连镇。在这里，清军指挥官下令开凿一条水渠，把大运河的水引到一条本已干涸的河中。建在其河床上的太平军营地先是进水，之后便被彻底淹没了。太平军被迫登上屋顶和木筏，结果轻易就成了清军火力的目标。1855年3月，北伐战争以太平天国的溃败告终。

在此期间，尽管清政府请求外国列强介入，但面对这一冲突，列强始终保持中立：英国认为，任何试图干预的行为，都只会损害相对稳定的前景，从而损害自身的商业利益。英国军舰"赫尔墨斯"号从上海出发，试探性地进攻被叛军占领的南京，结果却受到了太平军的热情款待。尽管如此，当太平天国的东王杨秀清对"赫尔墨斯"号的指挥官、英国驻华公使文翰爵士(Sir George Bonham)高兴地说，自己的英国基督徒同胞现在"愿为藩属"[1]时，文翰却简短地回答道，英国臣民不隶属于任何其他君主，任何对英国人民和财产的威胁或伤害都会得到与十年前给清政府的一样的回应。然后文翰匆忙撤退至上海，并在那里向英国女王报告说，太平天国所谓的基督教是"一种迷信和无稽之谈"。1853年12月，一支法国军队抵达南京，他们同样发现太平军的接待莫名其妙，妄自尊大。美国军队直到1854年春才进入南京，他们被告知，如果尊敬太平天国并承认其统治权，那么他们将可以每年向朝廷进贡，并"永沐天朝之恩泽"——而且他们应该"凛尊毋违"[2]。收到这封公函后，美国海军官员弗兰克·布嘉南[3](Frank Buchanan)觉得它"怪异且不知所云"。

不过，与西方人之间微妙的停战仍在继续。1861年，途经南京的英国探险家托马斯·布莱基斯顿受到了礼貌的接待。他对太平军"蓬松的头发"(与清朝的辫子形成对比)和"男女服装俗丽的颜色"都颇为印象深刻，不过仍对他们的前途表示怀疑。他写道：

---

1 引自杨秀清给文翰的照会。——译注

2 见史料《太平天国地官又正丞相罗苾芬等札谕美水师提督布嘉南》。——译注

3 弗兰克·布嘉南(1800—1874)：美国海军学院第一任院长，美国内战期间任南部邦联高级海军军官。当时是美国军舰"色士奎哈拿"号的舰长。——译注

"我看不到太平天国成为中国主导力量的希望,因为他们只会用令人反感的恐怖主义来治理国家。"然而,他也不认为清廷能够完全恢复权威。他总结说:"中国的事情,遵循的是我们所不理解的规则。"

和很多千禧年运动的领导者一样,洪秀全建立了他的王国,使他的乌托邦理想陷入了扩张、专制和放纵。他禁止百姓使用"洪"字,也禁止使用"日"和"月"(其他发音相同的字也被替换掉了);只有洪秀全自己才是真正的日,而他的妻子则是月。另外一个新发明的汉字是"虹"(与"洪"同音),写法是上"雨"下"洪"(䨻),让人联想到上天的审判,并将洪秀全与上帝的愤怒和仁慈联系在一起。洪秀全在《御制千字诏》中重述了《圣经》中的故事,这是太平天国的孩子们接受教育时的启蒙读物:

悠然作云,雨下空际;
洪水退后,悲悯约誓;
永不沉灭,虹为号记。

1856年,洪秀全开始反击对手杨秀清。杨秀清是耶稣的"三弟",以天父的名义不断攫取权力。最终北王韦昌辉将杨秀清斩于刀下,随后又屠杀了数千名其家人和支持者。洪秀全向来滥用权力,就连嫔妃和宫女都可以恣意妄为,杨秀清一直试图对此限制。如今摆脱了杨秀清,洪秀全便开始随心所欲,沉溺在自己的自大狂和妄想症之中。他染上了洁癖,时常认为自己生了重病：他总是让仆人用扇子给他驱赶昆虫，但又不允许扇子离他太近。每天早上，宫女们都要背诵洪秀全写的诗。触犯规矩的人会遭到殴打，还要开心地表示感激。

清军仍在中国中南部作战，到1859年年底，他们已经包围了南京。为了转移进攻方向，太平天国将领李秀成率领一支水军部队进攻杭州，然后迅速折返南京，扑向因往杭州派遣救援部队而耗尽兵力的清军。1860年6月，太平军攻占苏州，准备进攻上海。李秀成认为西方列强将继续保持中立，何况他已保证不会对其发起攻击。但是他低估了他们对自身商业利益的重视：当太平天国的军队发起进攻时，外国人开了火，李秀成的计划落空了。

1862年初，李秀成带着一个略显强硬的消息回到上海城外：如果英国或法国试图阻止他的军队进入上海，他将大开杀戒。但上天给出了最后的裁断：1月，这里下了一场罕见的大雪，河流结冰，困住了太平军，任何进攻都不可能了。

河水解冻后，太平军被迫向上游撤退，以阻挡清军对南京的进攻。1863年，英国人在戈登[1]（Charles Gordon）的带领下，和法国人一起开着炮艇对太平军紧追不舍。为了引开清军的包围，李秀成在安徽向西面发起了孤注一掷的冲刺，却在长江北岸遭到一支配备西方武器的清军的威胁。此时正值夏季，长江波涛汹涌，当饥饿、疲惫而混乱的太平军试图过河时，清军的炮艇向聚集在岸上的太平军开了火，毫不留情地将他

1　戈登（1833—1885）：维多利亚时代的英国军官，在第二次鸦片战争期间来到中国，后参与了清政府反击太平天国的战斗，并因此在中国和英国都受到褒奖。——译注

们统统撂倒。

1864年，南京在一场血腥的袭击中沦陷，而洪秀全在防线崩溃之前就死了——有人说他是自杀的，但更有可能是由于食物匮乏而生了病。他留下了一个饱受创伤的国家。额尔金伯爵[1] (Lord Elgin) 的秘书劳伦斯·奥列芬特 (Laurence Oliphant) 对上海西南的金山岛的满目疮痍感到震惊：

> 破坏广泛而彻底。房屋已经残破不堪，却仍有几个农民在那堆仍属于他们的垃圾上开始重建的工作……三三两两的人衣衫褴褛，进一步凸显了这种令人憎恶的荒凉。

镇江的情况更糟：

> 屋顶都塌了，街道空无一人，墙头杂草丛生，成堆的垃圾堵住了大路，却堵不住人。寂静中有一种压抑的东西，一股恶臭扑鼻而来，却几乎使我们精神一振，它提醒我们，我们已接近有人居住的街道。

据奥列芬特估计，从前的约50万人口中，只有500人仍然居住在这座城市。

南京始终未从太平天国的占领中彻底恢复。直到1876年，

---

[1] 额尔金伯爵：即第八代额尔金伯爵詹姆斯·布鲁斯 (James Bruce, 1811—1863)，曾两次任英国对华全权专使，率领英法联军入侵中国，是火烧圆明园事件的始作俑者。——译注

它才重新成为通商口岸。而在此之前，1832年，东印度公司的一位代表认为，上海有潜力成为"东亚的主要商业中心"。上海就此把其他城市抛在了身后：到了20世纪30年代，中国一半的外国投资都在上海，一半的外国人也都居住在上海。

太平天国起义被镇压后，中国已奄奄一息。各国认为殖民剥削的时机已经成熟，开始像在非洲那样恣意横行。英国人和美国人通过谈判获得了长江上的自由航行权，法国人则在云南取得了租界。1894年至1895年的甲午战争中，日本占领了台湾和辽东半岛，但西方列强——俄国、法国、德国——立即行动起来，在1895年的"三国干涉还辽"事件中提出了自己的主张。俄罗斯得到了辽东半岛，德国人则进入山东，强占了胶州湾（即现在的青岛，他们在那里成立了一家啤酒厂，至今仍在生产好喝的啤酒）。

1899年，对外国占领的不满，以及干旱和洪水引发的内乱，催生了山东义和团运动。强势的慈禧太后（1875年，她将4岁的外甥扶植为傀儡皇帝光绪，从而成为清朝事实上的统治者[1]）视此为驱逐西方帝国主义的机会，于是宣布支持义和团这一典型的中国秘密组织。当欧洲各国、美国和俄罗斯等国的军队在1900年开始镇压义和团运动时，慈禧逃离了北京。不过随后列强又允许她回去了，只因他们希望吃过苦头的清朝统治者能够阻止中国陷入四分五裂。

但为时已晚，对义和团运动的国际化解决方式只会加速清朝的灭亡。为了支付外国列强要求的巨额赔款，1911年，清政

1　1898年，慈禧太后撕下了摄政的伪装。当时她对光绪的改革计划感到不安，便把他赶下了台，实际上是把他软禁了起来。不过在1908年早逝之前，光绪一直保有皇帝的头衔。——原书注

府将从长江枢纽汉口分别通往西部和南部的两条铁路收归国有，引发了抗议和罢工。10月，一个革命团体制造的一枚炸弹在汉口俄租界意外引爆，他们被迫采取行动，发动了政变。附近武昌驻扎的清军加入之后，兵变的势头越来越大。在攻下武汉三镇（汉口、武昌、汉阳）之后，他们所向披靡。清朝统治者被迫在年底交出权力，末代皇帝，光绪的五岁侄子溥仪下了台。革命党领袖孙中山，作为国民党的首脑回到新成立的中华民国担任临时大总统一职。

▶破碎的土地

在19世纪下半叶所有的混乱当中，没有一丝一毫的迹象表明道光皇帝放弃中央河流管理的情况会发生逆转。黄河的防洪工作并没有被完全忽视，但只集中在沿海的重要经济区，而内陆的贫困地区则任由自然摆布。在缺乏足够维护的情况下，华北平原生态系统的纯粹人工性质暴露无遗：它迅速崩溃，而后果是灾难性的。正是在这一时期，"中国的悲伤"成为黄河的一个常用的代称。

在这个"中华文明的摇篮"里，生活是残酷的。英国探险家内伊·埃利亚斯(Ney Elias)考察了1855年黄河决口处附近的地区，发现"许多完整的村庄半埋在沉积物中，大部分居民都已离开；

留下来的那些则生活贫困，境遇悲惨"。他写道，房子"通常塞满淤泥"。随着水利工作的崩溃，干旱变成了和洪水同样级别的危险。1876年至1879年的华北饥荒是史上最严重的一次：约有1000万至1300万人在难以想象的赤贫条件下丧生。他们吃树根、树皮和碾碎的石头——还有死人的尸体，这既不是第一次，也不是最后一次。

这些危机似乎暴露了晚清的困境：落后，无法养活百姓，持续处于灾难的边缘，受到来自内外部的双重威胁，始终在为生存而斗争。1886年至1887年，河南郑州附近发生了一场大洪水，造成大约100万至250万人死亡，但中国媒体对此鲜有报道，因为它们担心这将证实国际社会的看法，即清朝败局已定。美国报纸报道说，当洪水最终流入淮河和长江之后，它们身后留下了一片广阔的洪泛平原，除了偶尔露出在淤泥之上的屋顶或树梢外，基本没有丝毫其他痕迹。夏季的干旱已使小麦绝收，如今华北平原的小米、大豆和土豆也被洗劫一空。随之而来的饥荒使死亡人数进一步攀升。

这些问题超越了皇权危机的范畴：它们挑战的是国家认同这一概念本身。当孙中山在1911年至1912年建立中华民国时，中国显然需要一个积极的国家建设计划。而这一计划既要依赖于治水，也要依赖于如何讲述一个引人入胜的新的水利传奇。

第七章

水上战争

作为冲突场地及工具的
河流与湖泊

Chapter 7

War on the Waters

Rivers and Lakes as Sites
and Instruments of Conflict

愚按水可以浸灌，
可以漂流，
可以陷溺，
可以环围，
可以济渴……
昧者必用船舫方谓水战，
不知能得其意，
备其物，
乘其机，
则攻占奇策无出于此。
何俟船舫哉？

叶梦熊

1562

《运筹纲目》

夹在强大的明清帝国之间的，可能是所有中国王朝中最短暂、最不知名，也最模棱两可的一个。所谓大顺王朝的唯一"皇帝"，起义军领袖李自成从来没有真正统治过中国。

17世纪中期，一连串旱灾导致的农作物歉收和瘟疫的爆发引发了社会动荡，觉醒的农民开始联合起来反抗明朝的统治。这些起义军合并成两支大军，李自成领导了其中的一支。尽管包围并占领了古都西安，但他仍然假装忠于明朝，说自己只是想让崇祯皇帝不受坏官员的影响。然而之后，他进一步夺取了洛阳和开封，胜利似乎已成定局，伪装已很难继续。

自封为"新顺王"的李自成于1644年攻入北京。崇祯皇帝知道败局不可避免，于是自尽身亡，辉煌的明朝结束了。然而，李自成占领北京仅仅一个月，他的军队就被前明将军吴三桂和他的盟友——来自满洲的清军打败。这位起义军首领向西逃去，从此消失在历史之中，而在逃亡之前不久，他才刚刚宣布自己是大顺朝的第一个皇帝。1645年，人们认为他已经死亡。作为一个地位低下的陕西农民，李自成证明了自己是一位战术高超的军事战略家，不过最终他明白了，终结一个朝代要比建立一个朝代容易得多。

李自成用他的军事行动实践了水作为军事武器最具破坏性的用途之一。1642年，他率兵包围了开封（当时的汴京），却被拦在城外达数月之久。李自成尝试了一切进攻方式。他建了一座比城墙还高的高塔，装备了大炮，但他的对手在一夜之间建了一座更高的塔进行还击。他试着在厚达3.5米的城墙上挖隧道，却又一次被击退。他在挖出的坑洞里填满了火药，想把城墙炸开，结果火药却向外炸了出来，炸死了他的很多手下，因为他们本以为会炸出一个豁口，正在向前冲刺。

虽然击退了李自成的这些进攻，但负责守卫开封的河南巡抚已经绝望了。1642年夏，他颁布了一个灾难性的命令：挖开黄河大堤，用汛期汹涌的河水驱散叛军。而早已无计可施的李自成也策划了同样的计谋：用洪水淹没开封来结束城内的抵抗。双方似乎都没有考虑到洪水也会伤害自己，他们认为只有对手会受到伤害。

开封曾是宋朝的都城，由于毗邻黄河而成为重要的商业中心；在11世纪，它可能是世界上最大的城市。但是后来蒙古侵略者将其包围，破坏了支撑这座城市的水网，之后黄河也改变了河道，开封就此被搁浅在洪泛平原的边缘。一再暴发的洪水使周围的地势逐渐高于城内，开封成了一块盆地，一旦黄河决堤，立即就可以将它淹没。

面对统治者将黄河用作武器的计划，受害最深的是开封城里的居民。整座城市都被淹没了，只有一些屋顶露在水面上。洪水冲垮城墙，冲上街道，冲毁房屋，溺死百姓。死亡人数超乎想象：据称，开封的37.8万居民中，约有30万人在这场人为的灾难中丧生。这座曾经伟大的城市变成了废墟，李自成的胜利因而变成了空洞的胜利。1642年的这场洪水被称为中国历史上第七大"自然"灾害，毁灭性的饥荒和瘟疫随之而来。开封被废弃了，直到20年后，清朝皇帝才对它进行重建。然而，它再也没有恢复昔日的辉煌。

在战争中，水是一个危险而不可靠的盟友。公元前6世纪的著名军事家孙子认为，水的军事意义主要是隐喻性的。他的著作《孙子兵法》[1]据说对从毛泽东到诺曼·施瓦茨科普夫[2]（Norman Schwarzkopf）的诸多国家领导人都产生了影响。这本书中这样写道：

> 夫兵形象水，水之行避高而趋下，兵之形避实而击虚；水因地而制流，兵因敌而制胜。
> 故兵无常势，水无常形。

然而，孙子对于真正的水相当警觉，他建议"绝水必远水"，也就是渡河之后要远离河流。《孙子兵法》中所呈现的战争，对于中国军事活动的真正面貌表现得相当不完整。在《孙子兵法》中，战争就是一支支大军在旷野上鏖战。但事实上，关键的战役往往涉及河流、湖泊和沼泽。战争的起因通常与对水道的争夺有关，并且通常发生在水上。大型船队在中国的湖泊和河流上进行的水战，其规模和意义堪比发生在西欧海域的任何海战，或后来发生在开阔的大西洋和太平洋上的任何海战。在中国，人们竞争的只有水、水、水。

---

1 和其他春秋时期的文献一样，本书作者的身份也是根据传统而非任何真实的历史证据来确定的。根据司马迁的说法，孙子在吴国为官，但他是不是《孙子兵法》的原作者，甚至他这个人是不是真的存在，都并不确定。——原书注

2 诺曼·施瓦茨科普夫（1934—2012）：美国陆军上将，中央司令部司令，海湾战争多国部队总司令。——译注

我从开篇就得坦白，这一章我必须放弃此前一直在努力遵循的年代顺序。因为问题从古到今都没有改变；水道的战略重要性对于秦国征服魏国和蜀国，就像对于中国共产党和民族主义者抗击日本一样重要。直到铁路出现，它们在军事运输方面的作用才受到挑战。唐朝楼船和宋朝轮桨船的决定性力量，与19世纪征服长江的英帝国炮艇也并无二致。对20世纪30年代的蒋介石来说，将水作为战争武器的危险并不亚于李自成和明朝在17世纪40年代所面对的危险。水战始终是中国命运的决定性因素。

▶火在水上

马基雅维利（Niccolò Machiavelli）认为，"国家的主要基础……是好的法律和好的武器……没有好的武器就没有好的法律，有好的武器就有好的法律。"很少有国家像马基雅维利所说的那样，已做好准备面对权力与治理的现实，正因如此，他关于政治权力的坚定观点才为他招致了很多敌人。中国当然也不例外。儒家政治哲学强调，稳定取决于帝王的德行；如果他是有德的，"好的法律"就会随之而来，人民不需强迫也会感觉到满足。但事实上，国家往往是依赖军事力量，通过有组织的暴力和战争建立和维系的。对于这个幅员辽阔，易受起义、叛乱和入侵影响的国家，我们很难想象如果没有军事力量发挥作用，情况将会怎样。纷争与反抗一次又一次地从远离权力中心的地方开始——如果一个皇帝在帝国的四分之一地区松懈或分心，麻烦就会在另外的四分之一地区酝酿。虽然有些朝代的确是由于外族入侵而灭亡的，比如女真人、蒙古人和满洲人的入侵，但另外一些朝代的失败则是因为糟糕的领导和糟糕的政策：它们的灭亡来自内部。

从汉朝到清朝的领导人，只有在实际上掌握强大的国家控制机器的情况下，才能影响对无为、对遥远的仁爱的态度。要想控制中国，你必须控制它的河流——不管这意味着承认它们在战略军事和经济上的重要性，还是单纯把它们当作敌人来控制。

水道有两个主要的战略功能。第一个是作为运输管道。秦始皇如果不依靠岷江、长江和汉江的力量深入蜀国，是不可能征服四川的。汉江和长江也是秦国进攻楚国的必经之地，这促使秦将军白起在公元前280年左右建立了一支水陆两栖部队。由李冰组织建设的伟大水利工程都江堰，最初也是出于军事的目的：要靠它来灌溉庄稼养活四川的军队。

河流的第二个战略角色是抵御征服的天然屏障。当杭州的南宋统治者称长江为自己的"长城"时，他们是在暗示它——以及长江与淮河之间那块兵家必争之地上的其他河流——给女真人和蒙古人这样的入侵者造成的障碍，当初在北方的草原上，这些入侵者曾所向披靡。1127年，建立了大金王朝的女真人将宋朝统治者逐至中国南方。淮河成了他们之间的分界线。[1]

---

[1] 1194年的黄河大洪水导致黄河河道南移，汇入淮河后在山东半岛南侧入海。南宋对这场洪水表达了一定程度上的欢迎，因为它使黄河下游回到了他们手中。——原书注

出于这些原因，中国的战争经常在河流之上或河流附近进行。河流是军事征服的动脉，是王朝更迭的流动竞技场。在河与湖上的战斗成了传奇，其中最著名的当然是赤壁之战。发生于208年的这场交战宣告了汉朝的解体，标志着三国时代的开始。就战船数量而言，它可能是史上规模最大的一场水战，不过它被过度地演义了——最著名的是在明朝初年的文学经典《三国演义》[1]中——以至于很难区分事实与幻想。从李白到苏轼，无数诗人为之写下了诗篇；历史学家莱曼·范·斯莱克认为，它是中国的特洛伊战争或亚瑟王传奇，是一场戏剧、悲情、欢喜、忠诚和欺骗的盛会。长江流域的每一个人都会为你讲述这些故事，对于这些故事，他们比对自己的近代史了解得更多。[2]

汉朝的终局乱作一团。与其他许多王朝的衰落一样，它也始于一场农民起义。百姓对昏庸统治阶级的压迫感到不满，而洪水和饥荒使不满进一步加剧——这一次，洪水和饥荒是由黄河下游的决口造成的，而这被解释为上天收回了天命。170年前后，由于洪水和赤贫，农民被迫背井离乡，失业的士兵也加入了他们的队伍，这些队伍逐渐壮大为松散的军队。184年，一支名为"黄巾军"的道教起义军开始从汉灵帝手中夺取黄河

1　《三国演义》是一部伟大的中国文学作品，传统上认为其作者是罗贯中（约1330—1400），但它其实可能是在16世纪早期由数位作家共同撰写的。——原书注

2　2008年由吴宇森执导的电影《赤壁》，是迄今为止中国电影史上成本最高的一部。可以理解的是，导演更关心的是延续传说而非澄清历史。不过，中国观众对这部电影中众多角色的熟悉程度，不亚于英语世界之于罗宾汉故事里的快活人。起初吴宇森曾计划让一位日本演员出演反面角色曹操，据说引起了广泛的抗议，因为这么重要的一个历史人物不应该由日本人扮演，不管（传统上认为）他有多坏。——原书注

以北的领土。

黄巾起义持续了20年，虽然以失败告终，但汉朝已名存实亡。189年，灵帝死后，他的妻子何皇后与其同父异母的兄长大将军何进共同管理朝政。但何进对权倾朝野的宦官集团充满敌意，并于同年晚些时候被刺身亡。之后，一个名叫董卓的军阀夺取了王权，并通过汉灵帝的儿子——傀儡皇帝汉献帝进行统治。192年，董卓的残暴统治以其死亡而告终。其后，另外一个野心勃勃的军阀——在黄巾起义时期担任汉朝军事指挥官的曹操——控制了汉献帝，并对当时的汉帝国进行了有效的管理。

曹操的权威受到了其他军阀的挑战：东吴的孙权和自封为蜀[1]王的刘备。面对曹操势不可挡的军队，孙、刘选择结盟，并在长江上的湖北赤壁与曹操的军队决一死战。一些记载称曹操的军队有80多万人，而他的对手只有3万人。这场战役的结果将决定中国的未来：是被假装成汉献帝仆人的曹操统一，还是分裂成几个敌对的国家？

当蜀、吴的军队与曹操的大军遭遇时，吴军的指挥官周瑜耍了一个老把戏。把一个所谓的叛徒安插进敌人的队伍中就能使对方误入歧途，这样的想法似乎过于乐观，但它也许说明了在三国时期这样的背叛非常普遍，因此足以使这个计划显得可信。总之，周瑜派庞统投奔曹操。庞统听说曹操的军队因为不

1　此时的蜀国通常被称为蜀汉，以区别于同样位于如今四川和重庆的古蜀国。——原书注

习惯在河上作战而晕船[1]，便建议把船用铁链拴在一起，以防船随波起伏。在《三国演义》中，他这样对曹操说：

> 大江之中，潮生潮落，风浪不息，北兵不惯乘舟，受此颠播，便生疾病。若以大船小船各皆配搭，或三十为一排，或五十为一排，首尾用铁环连锁，上铺阔板，休言人可渡，马亦可走矣，乘此而行，任他风浪潮水上下，复何惧哉？

然后庞统主动要求返回吴军，向曹操保证可以煽动更多的人叛变。果然，没过多久，曹操便收到吴国大将黄盖的来信，说他要带着装满粮食的战船投奔曹操。

208年12月，曹操率军出征。战船全都拴在一起，像一团固体一样移动，"冲波激浪，稳如平地。北军在船上，踊跃施勇，刺枪使刀"。曹操的一个谋士担忧地问，万一遇到火攻，必须散开，该怎么办。曹操笑了。他说，风向不对，如果敌人企图使用火力，火会被吹回到敌人身上。

眼看着船队浩浩荡荡地逼近，周瑜突然病倒在床——对于即将来临的战斗，这可是个不祥之兆。然而刘备的军师诸葛亮来到他的床前，提出了一个解决办法。他说："欲破曹公，宜用火攻。"可是曹操也知道风向的问题，怎么才能用火攻呢？周瑜想知道。于是诸葛亮透露他会一门法术："(我)可以呼风唤

---

1 据说曹操曾建了一座人工湖，用来训练他的军队在河上作战。但显然这一办法未能奏效。——原书注

雨。"他解释说，他可以用一句道家的咒语招来东南风，从而火烧曹军。

与此同时，大将黄盖准备好了他的火船：

船头密布大钉；船内装载芦苇干柴，灌以鱼油，上铺硫黄、焰硝引火之物，各用青布油单遮盖；船头上插青龙牙旗，船尾各系走舸：在帐下听候，只等周瑜号令。

曹操对黄盖的倒戈很有信心，当二十艘吴船驶近时，尽管诸葛亮的仪式召来了东南风，他却毫不在意。他对焦虑的大臣们说，这风没什么好担心的——风向当然会不时地改变。"公覆来降，"船越来越近，曹操笑着说，"此天助我也！"

但就在这个时候，陷阱打开了：

南船距操寨止隔二里水面。黄盖[1]用刀一招，前船一齐发火。火趁风威，风助火势，船如箭发，烟焰涨天。二十只火船，撞入水寨，曹寨中船只一时尽着；又被铁环锁住，无处逃避。隔江炮响，四下火船齐到，但见三江面上，火逐风飞，一派通红，漫天彻地。

地狱之火吞噬了曹操的船队。据说火焰蹿得极高，把峭壁

1　在随后的战斗中，黄盖身负重伤，身披铠甲落入水中。但他没有淹死。这一事实证明了他"深知水性"。——原书注

都烧成了红色。

这场著名的蜀吴对曹操的胜利远非故事的结局。这两个盟友从最开始便知道，总有一天他们会在争夺霸权的战斗中相遇：事实正是如此。诸葛亮在奉节修筑了一座石阵以阻挡吴军，却丝毫未起作用。吴大获全胜，刘备逃到长江三峡西首的白帝城，并在那里病逝。263年，曹魏灭蜀。266年，司马炎逼迫魏元帝禅位，建立晋朝，定都洛阳，史称西晋。280年，西晋灭吴，完成了统一。

▶河战之术

此后，中国直到581年才真正成为一个帝国。在那一年，北周的随国公杨坚夺取了政权，建立了隋朝。之后，已成为隋文帝的杨坚需要征服南朝的陈。589年，庞大的隋军船队在长江上击败了陈军。这些高达五层的战船是当时世界上最大的战船，每艘能容纳800人，装备有吊杆，杆上垂着巨大的刺球。面对这支骇人的船队，陈军完全无计可施。在之后短暂却充满活力的一段时期内，隋统一了从广东、海南到河北的广大区域。

高大的"楼船"成为隋唐水军的固有特征。在唐代道家、军事家李筌于759年所著的《太白阴经》中有这样的描述：

楼船船上建楼三重，列女墙战格，树旗帜，开弩窗矛穴，置抛车垒石铁汁，状如城垒。晋龙骧将军王濬伐吴，造大船，长二百步，上置飞檐阁道，可奔车驰马。

由于多层甲板可达30米高，这些船只可能装备了"战格"：以船首三角帆为轴的长臂，末端是铁钉，可以垂直向下砸击，给敌船造成严重破坏。同时还有一种可快速移动的攻击舰，名为艨艟（蒙冲），最迟从汉朝便已开始使用；唐人用木板、铁板、牛皮或犀牛皮武装它们，既可避免弓箭和石头的伤害，又可躲过敌人的袭击。

李约瑟在他的百科全书式著作《中国科学技术史》中介绍了中国的发明天赋，而海军军事技术的创新是其中最具挑战性的方面之一。12世纪，一支庞大的战船队伍使南宋得以抵御长江上的盗匪。大约在12世纪30年代初，一位宋朝官员提出了用人力桨轮来驱动船只的想法，这样船就可以在无风的日子里航行。因为轮子藏在保护层下面，所以这些被称为"飞虎战船"的船只，在敌人看来似乎是在靠超自然的力量前行，这让他们极其恐惧。这种船最多有24个桨轮，不过通常只有两个或四个，要由几十名船员负责驱动。船上有投石机，可以投出塞满火药的石弹；还用铁链或滑轮吊杆系统挂起巨大的破坏球，使岩石从高处落到敌舰上。李约瑟声称："其他文明从未产生过这样的东西。"

不幸的是，盗匪首领杨幺抓走了设计这种战船的工匠，强

清代版《武经总要》中的一张"楼船"插图。这幅画是根据更早的《隋史》(约636年)中的一段描述绘制的，但李约瑟认为其相当失真，尤其是"战格"的部分。

迫其为自己造船。到了1135年，杨幺已拥有一支由数百艘船组成的船队，用来保卫他在长江上的盗匪活动。不过那一年，宋军指挥官岳飞在洞庭湖上与杨幺作战时，想出了一个办法可以让桨轮无法使用。他命手下把草木铺在湖面上，桨轮因此卡住、断裂。杨幺战败，身首异处。

这一胜利并没给岳飞带来什么好处。这位将领的英雄事迹令其大受宋朝统治者赏识，结果反而致使他被投进大牢，饮毒酒而死。幸亏他的孙子为他写了一部传记，使得他在明朝被尊为（含冤的）国家公仆的典范。如今，在当年南宋都城杭州的西湖附近，仍有一座为岳飞而建的寺庙；而他的口号"还我江山"则在20世纪的抗日战争期间被谱写成了一首爱国歌曲。

不清楚为什么岳飞那个简单易行的办法没有流传出去，总之后来在反抗北方的女真侵略者——大金——的战斗中，南宋的桨轮船继续发挥了出色的作用。1161年，当两国在东海的唐岛和长江的采石矶发生冲突时，宋朝的技术创新取得了成功。据说，在采石矶，宋军指挥官虞允文率领一支仅有3000人的军队和120艘由桨轮驱动的战船，打败了拥有7万名士兵和600艘船只的金国水军（基本可以肯定的是，为了夸大战果，战胜国的记录者放大了二者之间的不平衡）。宋朝船只向金国水军投掷了燃烧弹，南宋诗人杨万里在其《海鳅赋》中描写了这一战术：

言未既，蒙冲两艘，夹山之东西，突出于中流矣。其始也，自行自流，乍纵乍收，下载大屋，上横城楼；缟于雪山，轻于云球，翕忽往来，顷刻万周；有双罍之舞波，无一人之操舟。贼众指而笑曰："此南人之喜幻，不木不竹，其诳我以楮先生之俦乎？不然，神为之楫，鬼与之游乎？"笑未既，海鳅万艘，相继突出而争雄矣，其迅如风，其飞如龙。俄有流星，如万石钟；陨自苍穹，坠于波中；复跃而起，直上半空；震为迅雷之鳞隐，散为重雾之溟濛，人物咫尺而不相辨，贼众大骇而莫知其所从。于是海鳅交驰，搅南蹂东；江水皆沸，天色改容，冲飙为之扬沙，秋日为之退红。贼之舟楫，皆蹒藉于海鳅之腹底；吾之戈艇矢石，乱发如雨而横纵；马不必射，人不必攻；隐显出没，争入于阳侯之珠宫。牙斯匹马而宵遁，未几自毙于瓜步之棘丛。

尽管宋朝的船队强大而先进，但在打败金国后，转而面对宋朝的盟友时，它们却无法保护帝国不受蒙古人的侵略。忽必烈汗的骑兵在北方平原上所向无敌，但在南方，蒙古人需要与船只作战。他们以非凡的速度组建了一支水军，从高丽引进水兵和造船工，并在山东征募当地百姓。蒙古军队很快学会了水上作战的技巧，1267年，他们在汉江上的襄阳和樊城——汉江、长江交汇处的战略门户——与宋朝的舰队交战，成为中国历史上最为著名的战役之一。[1]这肯定也是最为漫长的战役之一，据说持续了六年之久，陆战、水战交杂。蒙古人用他们的5000艘船封锁了汉江，拦截了两座城市的补给，而他们的骑兵则击退了试图增援的宋兵。诸如回回炮[2]（一种从中东引进的设计）等强大的新型攻城机器摧毁了城市的防御。1273年，南宋指挥官吕文焕最终投降，蒙古对中国的征服已经无法逆转。伯颜将军（马可·波罗叫他"百

1　马可·波罗声称去过那里，但那似乎不太可能。——原书注
2　一种配重投石机。——译注

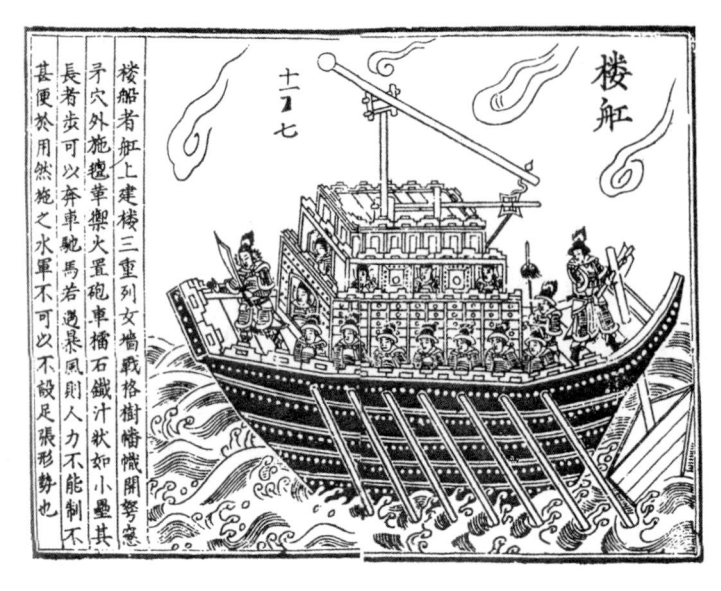

《武经总要》中的一艘宋代楼船插图。船上装有用来投掷燃烧弹的投石机。这幅插图来自1510年的一个版本，因此可能更接近于明朝的楼船，而非宋朝的。

眼"，这是对其蒙古名字的一个生动的误译）沿着长江一路打到了南宋都城杭州，1276年，杭州沦陷。

征服者在胜利之后比争取胜利之时更为慷慨。当时的宋恭帝是一个六岁男孩，朝政掌握在他的母亲全太后和祖母谢太皇太后手中。投降后，母子二人被带到北方的首都汗八里，恭帝被封为瀛国公。后来恭帝迁居上都（今内蒙古多伦县西北），最后又去了吐蕃，1289年，他在那里出家为僧。

这并不是宋朝的终结。1276年，宋廷的一些文武大臣带着恭帝的两个弟弟逃走了，其中较为年长的一个在今福建省的福州称帝。他们很快被迫逃到了大屿山（如今是香港的一部分），哥哥在那里去世，年仅7岁的弟弟登基，即为宋怀宗。宋朝残余的水师——仍然是一支强大的船队——停泊在广东省的崖山。1279年，元朝军队虽然人数比宋军少，但还是在最后时刻包围了宋军，并再次证明了自己的海上优势。在崖山之战中，年轻的宋怀宗与成千上万的官员一同跳海殉国。

元朝同样结束于一场水战：1355年，起义军首领朱元璋，后来的明朝第一任皇帝，在采石矶击溃了大元帝国的军队。而在登上皇位之前，朱元璋必须战胜他的对手——红巾军首领陈友谅。1363年，两派的水军在鄱阳湖相遇，这场战役有时被称为"史上规模最大的水战"（这一说法颇有争议）。朱元璋的船队面临着三倍于己的强大力量，但他凭借火攻赢得了战斗。满载可燃物，有时还有火药的船只撞上了陈友谅的三层战船。陈友谅突围而出，又被朱元璋的军队沿长江追杀，最终战死。

中国人在水战中完善了燃烧弹的应用。他们建造了可以从中分为两半的船只，这样船尾的桨手便可将载有燃烧弹的船头部分分离，然后向后撤退，去看名副其实的烟花。火是河上作战中最具杀伤力的武器之一，随着水战越来越不只是肉搏战，而更多涉及投掷炮弹，火被发展成了一门多用途的技术。"突火枪"可以点燃敌人的帆；"火桶"和"火砖"的破坏力不言而喻。

拥有精干船队的起义军极难被皇帝镇压。清军入关之后，有一位明朝的忠臣始终没有放弃抗争。通过与荷兰进行贸易，福建厦门的郑氏家族积累了巨大的财富，从而组建了自己的私

为了适应水战火攻的需要，一些河船的船体被分为两半，用铰链连接在一起。这样船尾的桨手便可将载有燃烧弹的船头部分分离，然后向后撤退。图为16世纪晚期的一种装有燃烧弹的铰接式驳船。

人水军。作为家族领袖，郑成功利用这些船只保卫南方沿海的福建、广东和浙江，抵御清军多年。1662年，清政府（康熙皇帝时年8岁，由孝庄太皇太后摄政）被迫孤注一掷，迁走了沿海50公里范围内的港口和城镇地区的全部居民，企图切断沿海军民对郑成功人力和物力上的支持。

看到自己的家园变得空空荡荡，很多福建人便撤到了台湾，那里是郑成功的天下。(他需要先赶走那里的荷兰人，而对荷兰人来说，放弃台湾也是对清朝盟友的一种让步。)于是，被尊称为国姓爷的郑成功，在某种程度上成了一名海盗首领。为了剥夺其资源，使其无法开展贸易，清政府下令严禁出海。"沿海船只，悉行烧毁，"官方的法令这样规定，"寸板不许下水。"**1**

郑成功死于1662年，但郑氏家族在接下来的20年里继续控制着台湾。如今，在台湾地区和福建，国姓爷都被视为神祇：人们为他建造了多座寺庙。他的政治遗产相当复杂，因为不同政党都有理由称他为英雄。由于他出生在日本，母亲是一名日本人——他的父亲是一名海商兼海盗——因此19世纪末入侵台湾的日本人对他表示了认可。而在后来抵达台湾的国民党眼里，他同样被视为英雄。对于中国共产党来说，他仍旧是一个有利的宣传符号，因为他赶走了西方（荷兰）帝国主义，让台湾"回归了中国"。真正的关键不是谁更有资格继承国姓爷的遗产，而是在中国，过去为现在提供了一个具有多重意义的理由。

▶炮舰外交

当然，事实上蛮夷并没有被国姓爷赶走。他们的大船不断驶来，目的不再是传播基督的福音——1724年，雍正皇帝将所有的基督教传教士都逐出了中国——而是做生意。欧洲人抵达的这个帝国拥有无数珍宝，令其愿意为之付出大笔财富；然而，中国人似乎对西方能够提供的任何商品都不感兴趣，结果造成

1　见《迁海令》。——译注

了惊人的贸易逆差：瓷器、丝绸和茶叶通过船运不断运回欧洲的港口，而进入中国的全都是银元。

这已经够让人无法忍受了，而真正激怒欧洲人的，则是清朝皇帝的极度自信。他们不仅对西方的商品没有任何兴趣，而且认为西方人就像自己的那些亚洲邻居一样，只是中国的附庸。

1793年，英王乔治三世派遣由外交官乔治·马戛尔尼带领的使团谒见乾隆皇帝，要求取消贸易限制。乾隆皇帝明确表示，他不需要西方商品，但他希望英王"益励款诚，永矢恭顺"。"天朝德威远被，万国来王，"这是乾隆皇帝对英王的回复，"种种贵重之物，梯航毕集，无所不有。然从不贵奇巧，并无更需尔国制办物件。"[1]乾隆皇帝的回复令英国人沮丧而愤怒。不过，他们倒是有一种商品在中国卖得相当之好，问题是出售它是违法的。

鸦片是从罂粟中提取的麻醉剂，长期以来被用作止痛药，但在17世纪，它成了一种流行的毒品，我们现在称之为娱乐性毒品。看到鸦片对人民的毒害，雍正皇帝在1729年禁止贩卖鸦片，并宣布鸦片烟馆非法。和以往一样，这只不过是把毒品市场转移到了地下。外国商人继续在中国销售致幻毒品，18世纪后期，英国东印度公司避开官方进口禁令，通过个体商贩垄断了孟加拉鸦片市场。中国人对鸦片的需求极大，以至于英国与

---

[1] 引自《清实录》。——译注

中国的贸易实际上从逆差变成了顺差。当东印度公司的垄断在1833年被英国政府终止时，英国人希望英国能够作为一个主权国家继续在中国销售这种令人上瘾的毒品。但道光皇帝不同意，并故意冷落英国政府的驻华商务督办威廉·纳皮尔勋爵(Lord William Napier)。纳皮尔对这种待遇感到愤怒，于是引来英国军舰，打算使用武力进行自由贸易。1834年纳皮尔去世，但战争已成定局。1839年，清政府官员林则徐被派往广州阻止英国的鸦片进口，他逮捕鸦片贩子，没收并烧毁他们的商品，而不承诺进行任何赔偿。当时看来，军事报复不可避免。

1839年至1842年的第一次鸦片战争之所以发生，是因为英国政府决心将一种有害的、对社会具有破坏性的毒品推向外国，而文化误解激化了这场战争。道光皇帝似乎没有想到，无论是他自己的公民还是外国商人和君主，都可能反抗他的道德和政治权威。与此同时，英国官员也对他的不尊重和忽视礼仪的行为感到愤怒，就像他们对所谓的贸易权利受到侵犯感到愤怒一样。[1]林则徐曾给维多利亚女王写过一封私人信件，要求她基于良心禁止"毒药"的交易，他的傲慢（差劲的翻译进一步夸大了这种傲慢）似乎本身就是宣战。

无论如何，1839年，英国外交大臣巴麦尊[2]下令从印度派来

---

[1] 虽然双方似乎都有意以高人一等的态度对待对方，但英国人的傲慢可以从他们对汉语及中式英语那婴儿般的音译中看出——如"chop-chop""chin-chin"等。前海军上校托马斯·布莱基斯顿在描述"坏蛋"时，以及他表达在中国猎野鸡时的喜悦和宽慰时，采用了奇怪的方式和语言，充分体现了殖民主义者的文化敏感性。——原书注

[2] 巴麦尊：即前文提到的帕默斯顿勋爵。——译注

一支大型海军部队,要给清朝皇帝和他的官员们一个教训。

战争主要是在水上进行的。在英国海陆两军为南方战略港口和河流的控制权而激战的同时,另有一支舰队开始沿着海岸向北方的皇城进发。清政府仓促地签署了和平协议,于1841年年初同意开放贸易并将香港割让给英国。然而,皇帝无法忍受这种羞辱,冲突很快又开始了。

在由广州通往南海的重要内陆航道珠江上,清朝水师遭遇了由英国第一艘铁甲舰"复仇女神"号率领的全副武装的英国舰队,结果不堪一击。广东被攻下后,英军把注意力转向了长江。他们占领了上海,然后沿江而上,向位于长江与大运河交汇处的镇江进发。失去这一关键的枢纽之后,中国人意识到游戏结束了,于是回到了谈判桌前。在1842年8月签订的《南京条约》中,英国得到了广州、上海等五个港口城市的居住权和贸易权。在接下来的几十年里,更多的城市跟随其后。《南京条约》签订后,清政府官员又与法国人和美国人分别签订了条约,其部分原因是希望能够让其他外国利益集团遏制英国的野心。在西方殖民者看来,对中国进行剥削的时机似乎已经成熟。

1856年,一艘名为"亚罗号"的英国船只在广州被扣压,引发了通常被称为第二次鸦片战争的冲突。中国当局认为该船在香港登记逾期十日,不当再悬挂英国国旗,于是将所挂的英国国旗取下,并逮捕了十几位船员。虽然"亚罗号"的船员最终获得了释放,但英国人认为自己的国旗在此事件中受到了侮辱,当时的英国首相巴麦尊认为,这是巩固鸦片贸易并迫使中国进一步让步的借口。英国向法国政府提出联合出兵的要求。面对英法的压力以及美国和俄罗斯对英法的支持，清政府于1858年6月同意签订对其不利的《天津条约》：开放更多的对外贸易口岸，让外国人在保证安全的情况下在长江上航行。但是随后，清政府还是选择了继续战争。

随后发生的冲突，说明了通往河流和港口的通道为何在战略上如此重要。双方军事行动的一个主要焦点是白河（现在被称为海河），它流经北京和天津，然后通过渤海湾流入黄海。由于天津位于白河与大运河的交汇处，既可以通往长江，又可以通往黄河，因此，第一次鸦片战争之后，咸丰皇帝在位于大沽的白河入海口修建了五座坚固的炮台。1859年，英国海军对这些炮台发动了进攻，但即便有美国帮助，他们还是被击退了。直到1860年8月，法国人加大了进攻的力度，炮台才被攻下。西方列强继续推进，10月，它们攻进了北京城。圆明园和清漪园[1]被洗劫一空，紫禁城侥幸逃过了一劫。咸丰皇帝逃离了都城（他的健康迅速恶化，于次年夏天去世），但他的弟弟恭亲王作为钦差大臣，在10月下旬批准了《天津条约》。

第二次鸦片战争不仅使外国人在中国有了更多的贸易和旅行权，而且使上海成为中国新的国际贸易中心。它很快就基本变成了一个微型王国，有着不同于中国其他地方的个性。19世

1　颐和园前身。——译注

纪90年代，伊莎贝拉·伯德曾利用"安全通道法"[1]在中国旅行，她对这个曾经的小渔镇当时的变化做了令人信服的描述：这座城市充斥着鸦片，并被西方战舰吓得胆战心惊。

两艘白色的大船永久停泊在花园前方，用来储存印度鸦片。各国的炮艇和大一点的军舰都被漆成了白色，海运信使公司的汽船也把系泊处升高了一点。满载英国船员的船只，还有色彩鲜艳、像蜻蜓一样飞来飞去、有船篷的本地船只，都不停地颠簸着。涨潮的时候，成百上千的帆船张着巨大的褐色船帆驶向大海。

由于英国铁了心要在这里贩卖鸦片，因此鸦片继续破坏着中国社会，直到20世纪50年代，它才被中国共产党严令禁止。19世纪晚期，中国开始自己种植鸦片，使它的价格比从印度进口更便宜，也更容易买到。1904年，一位英国官员报告说，半数的中国城市男性吸食鸦片，据估计，当时大约有2000万瘾君子。毒品贸易占了四川和云南贸易总额的很大一部分，在动荡的20世纪30年代，其利润成了当地军阀的资金来源。

中国在两次鸦片战争中受到的屈辱让殖民主义列强看到，这个国家已成囊中之物。1875年，刚刚结束对缅甸进行正式访问的英国外交官马嘉里（Augustus Raymond Margary）在云南被杀，这成

---

1 见下文。——译注

了英国政府要求中国给予更多让步的借口。在1876年的《中英烟台条约》中,清政府确认了对所有在内陆旅行的外国人提供安全通道的承诺,并允许外国船只出于军事和贸易的目的在内河航行。到19世纪末,中国已有近80个通商口岸,包括南京、汉口（并入武汉）和重庆。欧洲人可以随心所欲地自由来去——而河道,尤其是长江,则是他们的高速公路。

▶掘堤放龙

关于水上战争,就到此为止吧。不过,正如我们在前面看到的,中国的军事领导者试图将水本身也作为一种进攻性武器。在李自成的反明起义中,水淹开封是一条古老的中国计策。在公元前8世纪至公元前5世纪的春秋时期,位于中国东南部的吴国（今江苏省和长江入海口附近）,利用其水涝的地理条件——以及因而积累的运河建设和水利学方面的专业知识——在与邻国发生冲突时,筑堤拦河,淹没了对方的田地和城镇。公元前358年,一支楚国的军队掘开了黄河堤岸,利用洪水来阻挡敌人的前进。

汉朝的贾让认为,筑堤最初并不是为了防洪,而是将水作为一种武器,既要从敌人手中抢水,又要向敌人泄愤。他写道:

盖堤防之作,近起战国,雍防百川,各以自利。齐与赵、魏,以河为竟。赵、魏濒山,齐地卑下,作堤去河二十五里。河水东抵齐堤，则西泛赵、魏，赵、魏亦为堤去河二十五里。[1]

掘堤泄洪的计策使用得如此普遍，破坏力如此之大，以至于早在公元前651年，当时的一些国家就签署了条约，禁止为了战争而破坏黄河河堤，但是收效甚微。

关于掘堤泄洪这种做法，《战国策》中有相当详尽的描述。《战国策》汇编于战国末期（公元前3世纪）到公元前1世纪的汉朝之间，记录了公元前5世纪春秋末期的诸多事件。当时，位于中国中北部的晋国是最为强大的国家之一，由几个大家族共主国政。其中最为残忍而狡猾的是由智瑶（或称智伯）领导的智氏家族。智瑶说服了韩、魏、赵三家与自己联合，消灭了范和中行两家。然而，智瑶"好利而鸷复"[2]，并没有打算止步于此。他向韩、魏两家索地，两家勉强同意了。但是面对智瑶的要求，赵襄子却拒绝了。赵襄子知道接下来会发生什么，于是退守晋阳（今山西省太原市）。

公元前455年，智瑶携盟友韩、魏两家攻打晋阳。他掘开黄河最大的支流之一汾河的堤岸，把水引向晋阳。其后果是毁灭性的：城里的水涌至三层楼高，守城者不得不爬上最高的屋顶避难，锅只能支在临时搭建的架子上。令人惊讶的是，他们竟然守了三年。但是，疾病和饥饿削弱了赵家士卒的力量——据

1　引自《汉书·沟洫志》，是班固记录的贾让"治河三策"。——译注
2　引自《战国策·赵一》。——译注

说，他们曾被迫吃小孩的肉维生。赵家的家臣意识到，他们就快走投无路了。赵襄子的家臣张孟谈提出，他们唯一的希望是把智瑶那两个并不情愿的盟友变成其敌人，于是他安排了一次与韩、魏两家主公的秘密会面。听着，他对他们说，你们真的相信，如果你们打赢了这场仗，智瑶会信守诺言，把赵家的土地平分给你们吗？"赵将亡矣，亡则二君为之次矣"。"我知其然。"他们承认，并且同意了倒戈。

他们之所以决定冒险与铁石心肠的智瑶对抗，究其原因并不奇怪。围城期间，智瑶曾带着韩、魏两家的主公检查为了将汾河水引向晋阳而筑起的堤坝，当时，他奚落两人道："吾始不知水之可以亡人之国也，乃今知之。汾水可以灌安邑，绛水可以灌平阳。"[1]魏、韩两家的主公知道，总有一天，智瑶会把他们也灭掉。

他们不太善于隐藏自己倒戈的计划。智瑶的家臣发现他们的盟友对晋阳的陷落并未感到欢欣鼓舞，而是焦虑不安，就设法警告主公可能会发生反抗。但是智瑶不相信，因为胜利就在眼前，所以他没有理会这个警告。

在韩、魏两家的合谋下，赵军偷偷潜出晋阳，突破守军防线，破坏了部分河堤，使洪水涌向晋军。趁晋军忙于阻拦洪水，他们的盟友韩、魏开始了行动。智瑶被俘后，被带到了赵襄子面前。赵襄子处死智瑶，并将其头颅漆成酒器，一洗当初

1　引自《史记·魏世家》。——译注

的屈辱。

关于这个故事，还有一段有趣的后续。在智瑶灭掉范和中行两家之前，给两家先后做过家臣的豫让投奔了智氏家族。听说智瑶的命运后，忠心耿耿的豫让打算为其报仇。他带着一把匕首藏在赵襄子宫中的更衣室里，但是被人发现了，并被带到了他的潜在受害者面前。豫让承认了自己的复仇计划，赵襄子为他的勇气所折服，把他放了。豫让虽然沦落到乞讨的境地，但并没有被吓住，继续谋划暗杀赵襄子。有一天，他藏在赵襄子即将经过的一座桥下，结果又被抓了起来。赵襄子颇为困惑，不明白豫让为何如此坚决地要为智瑶报仇，却不为从前的主公范家和中行家报仇。豫让解释道，因为他们并不欣赏我，而智瑶却看到了我的价值。赵襄子叹了口气，说这次不能再放走豫让了。但是豫让说他已经准备好赴死，只求允许他剪烂赵襄子的衣服，进行象征性的报复。赵襄子竟然真的同意了。然后，豫让说自己现在已经与天庭和解了，随后挥剑自尽。后来，豫让作为忠诚的典范受到了人们的哀悼和赞扬，但他唯一的目标是为智瑶这样一个并不值得的人报仇。

与那个时代的大多数历史故事一样，晋阳之战也有其道德意义。公元前3世纪的哲学家韩非子是秦朝严酷的法家政治学说的创始人之一，对他来说，智瑶的命运展示了当一个领导者"好利而鸷复"的时候会发生什么。当然，由河水带来的致命袭击是人为的，而不是上天的安排——但是话虽如此，这仍然暗示着水不会为坏的领导者服务。

智瑶战败后，晋国由韩、魏、赵三个家族所控制，他们把这个国家分成了韩、魏、赵三个国家，从而开始了战国时代。而战国时代也是被一场精心设计的洪水所终结的。在征服韩、赵、燕之后，秦国即将统一中国，这时，秦王嬴政将注意力转向了魏国。公元前225年，秦军在王贲的率领下包围了魏国都城大梁。王贲开凿水渠引来黄河水，淹没了这座城市，魏王假被迫投降。四年后，楚国和齐国屈服于秦国的武力，嬴政成了秦朝的第一个皇帝——秦始皇。

利用洪水显然是当时指挥官惯用的战术。军事历史学家拉尔夫·索耶[1]（Ralph Sawyer）写道："面对久攻不下的敌人，无论是在严防死守的城市、独立式的城堡，还是在田野和群山之间，将领们都会立即衡量利用附近的水源淹没敌人的可能性。"对于一个拥有如此庞大的水网的国家来说，这似乎是很自然的事情，但在这种战术背后，并不仅仅是残忍的机会主义。水是一种武器，这是由水本身的特性所决定的，正如道家传统所描述的那样，它顺从却又不可抵挡，足以冲垮巍峨的高山。在战国末期的尉缭（据说是秦国的大臣）所作的军事战略专著《尉缭子》中，这种哲学上的联系得到了明确的体现："夫水，至柔弱者也，然所触，丘陵必为之崩，无异也，性专而触诚也。"显然，水在这里还被用来指导军事力量的运用。孙子在《孙子兵法》中也阐述了这一概念。他说："激水之疾，至于漂石者，势也。"这里的"势"，

---

[1] 拉尔夫·索耶：出生于1954年，先后毕业于麻省理工学院及哈佛大学，是研究中国军事的主要美国学者之一，代表作有《古代中国战争》《征服与统治：西周的兴起与消亡》等。

指的是"对军事力量的战略配置",是孙子军事哲学的核心组成部分。同样,他也不认为所谓水的力量只是纯粹的隐喻,"以水佐攻者强",这是他的建议。

宋代作家许洞在其所著的兵书《虎钤经》中,明确地提到了用水之"道"作战。宋朝曾经有过这样痛苦的经历:1081年,西北的敌国西夏掘开黄河堤岸,淹没了宋军的营地——由于河水冰冷刺骨,这次攻击的后果尤为惨重。1209年,成吉思汗起兵攻打西夏,同样失败而返。他试图趁着秋季洪水引黄河改道,淹没西夏都城中兴府(今宁夏银川)。结果堤坝不够结实,反而淹没了蒙古大营,成吉思汗被迫撤兵。(不过,蒙古人在13世纪20年代末卷土重来。)

除了简单的淹死敌人外,引洪还有其他的战术目的。据宋朝的《武经总要》记载,它"可使为鱼;害之轻者,犹使缘木而居,县釜而炊"。引导正确的话,水流的力量可以像攻城锤一样摧毁防御工事。或者可以骗敌军穿过干涸的河床,趁机掘开拦阻河流的堤坝,把敌军冲走。

在正确的时间掘开了河堤,是汉朝最终统一中国的决定性因素。由于刘邦和项羽的起义,短命的秦朝灭亡了,项羽成为新的统治者。公元前204年,刘邦手下的将军韩信率三万大军,与龙且率领的二十万齐楚联军在潍水两岸对峙。战斗开始的前一晚,韩信命部下做了一万多个麻袋,装满沙子和石头,然后用这些材料在潍水上游建起了一座临时水坝。潍水水位下降之后,韩信带领部队向楚军进攻,随后又匆忙撤退。龙且同样期待短兵相接。他说韩信缺乏与人对抗的勇气,于是命自己的军队过河追击。这时,韩信下令拆除水坝。无数楚兵被冲走,少数已经过了河的(其中包括龙且)被困在了敌人的河岸上,成了醒目的靶子。

与其淹死敌人,不如夺走他们的重要资源。《虎钤经》中有这样的建议:"欲夺敌之力者,先夺其水。"这就要求军队必须占领河流源头的有利位置。更为可怕的是,将领可能会下令往水源里投毒。《武经总要》中有反对这种卑鄙做法的建议:如果"其(水)色黑,及带沐如沸,或赤而味咸,或浊而味涩",那么你最好小心。

▶横渡长江

当出于军事目的而引发的洪水失去控制时——这是经常发生的——真正的输家是普通百姓。成千上万甚至上百万的百姓死于将领们的愚蠢行为。20世纪30年代,国民党在与日本的冲突中下令引发了一场战略性洪水,它给民众造成的灾难简直空前绝后。

日本的入侵凸显了中国主要河流的战略重要性。从1937年开始,日军沿着长江流域入侵:先是拿下了上海,然后(残暴而野蛮地)拿下了南京,到1938年年中,又拿下了武汉三镇。幸好地势险峻的三峡阻挡了他们的前进,使中国临时政府得以在三峡西面的重庆生存下来。(1942年至1946年,李约瑟在重庆担任中英科学合作馆馆长,这也是盟军参与亚洲战争的一个方面。在此之前,他只是一位生物化学家,但在这段时间里,他对中国科学、技术和文化的历史产生了浓厚的兴趣。)

1938年年中，日本人基本已占领整个中国北方，但他们需要在郑州这个重要的铁路枢纽击败蒋介石领导的国民党军队。从这里，他们可以向西安进军，然后再向南攻打长江上的武汉。

为了保卫郑州，国民党军队奉命开掘下游花园口村的黄河河堤。具有讽刺意味的是，为了阻挡自然的洪水，这里的堤坝修得极其坚固，很难人为破坏。国民党军队试着用炸药炸了两次，最终还是用铁锹掘开的。然而，水一旦开始往外流，就再也无法阻拦。由此引发的洪水淹没了23000平方公里的土地，造成约50万人死亡，至少300万人无家可归。最终，洪水沿着一条东南方向的新河道流进了安徽和江苏，而流离失所的百姓则逃到了河南的其他城市和陕西，却又在那里遭遇了饥荒。

虽然蒋介石起初试图将黄河决堤归咎于日本的空袭，但最终还是不得不承认是自己的军队搞的破坏。战争结束后，国共双方合作堵上了花园口的河堤豁口。这一工程始于1946年年初，由美国工程师奥利弗·J. 托德 (Oliver J. Todd) 担任顾问，耗时一年之久。

国共之间这种微妙的合作并没有持续多久。1945年，双方在重庆签署了和平协议，同意有序地重建这个饱受创伤的国家。但战争又在第二年重新开始，长江则成了这一最终阶段的关键所在。经过将近三年的激烈战斗，1949年4月，两军对峙于长江两岸。毛泽东领导下的中国人民解放军扎营北岸，在西起湖口、东至江阴的千里战线上，分三路强渡长江。国民党军队人数较少，但装备更好，拥有现代化的炮艇和飞机。河道宽阔，水流湍急，变幻莫测，似乎构成了一道天然屏障，可以抵御任何攻击。

毛泽东想出了一招大胆的战术。当地人对这条河非常熟悉：他们饲养鸬鹚捕鱼，在河岸的湿地里耕作，种植肉桂树、樟树，还有养蚕用的桑树。由于共产党赶走了压迫人民的地主，建起了一座座学校，赢得了人民的信任，因此当地人同意用破烂不堪的舢板、小渔船和竹筏帮助他们过河。村民们制作了手工驱动的桨轮，可以在没有风的情况下推动船只前进，这与宋朝的航海技术一脉相承。解放军战士每天都会练习游泳和驾船。4月21日，在北岸的炮火掩护下，渡江开始了。第一批船只运送的是突击部队，他们将全速向敌人发起突袭——不过令人惊讶的是，他们基本没有遇到任何反抗。

渡过长江两天后，共产党占领了南京。10月，毛泽东宣布中华人民共和国成立。

第八章

流畅的表达艺术

水对中国绘画及文学的影响

Chapter 8
The Fluid Art of Expression

How Water Infuses Chinese Painting and Literature

江月人去只数尺,
风灯照夜欲三更。
沙头宿鸟联拳静,
船尾跳鱼拨刺鸣。

杜甫

《漫成一首》

通常认为，唐代诗人杜甫和李白创作出了中国最好的诗作。在欣赏他们的作品时，你会以为水是当时生活中最为常见的元素。以杜甫关于754年的洪水和暴雨的系列诗歌为例，它们会让你感觉到潮湿和泥泞，感觉到被阴沉的天空和沉重的雨滴压得喘不过气来：

阑风伏雨秋纷纷，

四海八荒同一云。

去马来牛不复辨。

浊泾清渭何当分？[1]

水能够代表人类本性和命运的变迁，它的这一能力在这样的诗句中得到了传神的表达。杜甫和李白常被称为"江河诗人(River Poets)"，人们可能会断言水是他们的主要隐喻工具。两人都在中国那两条大河的两岸漫游了数年，那两条浩荡的水道似乎从未远离他们的思想。有人认为杜甫的风格本身就体现了水的特点：宋朝学者、诗人黄庭坚曾称其"山高水深，似欲不可企及"[2]。

在这些诗歌中，水以细腻微妙的方式发挥着它的作用。它将一个个意象连接在一起，就像山水画中潺潺的溪流，时隐时

---

1 引自杜甫《秋雨叹》。——译注

2 引自黄庭坚《山谷内集·与王观复书》。——译注

现，却提供了视觉上的连续性。"犬吠水声中"，李白在题目仿佛公案小说的那首《访戴天道士不遇》的开头这样写道——"水声"意味着旅行者沉浸在大自然中，而"犬吠"则唤醒了他。同样的水在整首诗的其余部分不断闪现：在这里，它通向树林深处；在那里，它被挂上了"碧峰"；在这里，它把桃花带回了人间，而旅行者最终也必须回到这个人间。[1]

对于像我这样很少接触到这些诗歌的读者来说，充斥着水的意象可能比美感更容易辨别。有人说，读中国古诗和写中国古诗一样是一门艺术，这是有道理的。当然，翻译的诗歌总是会丢掉很多东西：节奏、韵律、用典和风格都会受到影响。但对于中国诗歌来说，这一点尤为突出。在翻译中国诗歌时，必须完全牺牲汉字和书法的视觉外观，以及汉语同音字可能带来的诸多含义、引语和寓意。再加上极度压缩的文学形式——四个字就可以完成好几句话的工作，而直译则无法表达其中隐含的意思——这样说肯定没错：对陌生的读者来说，这些诗歌中的大部分都需要附加大量的诠释，从而可能彻底毁掉它们的艺术品质。

如果这听起来让人沮丧，那么请放心，无论翻译可能带来怎样的不快，也无论读者对唐代文学的语境是多么陌生，李白和杜甫的作品始终保持着它们令人叹服的沉着与优雅、讽刺和忧郁。它们仍然能够把我们送到河岸，在那里，在滴水的树枝

---

1 原诗为：犬吠水声中，桃花带雨浓。树深时见鹿，溪午不闻钟。野竹分青霭，飞泉挂碧峰。无人知所去，愁倚两三松。——译注

下,我们与微醺的作者坐在一起,阅读着生命在无情的流水中所经历的艰辛。即便今天的雨不再威胁带来歉收和饥荒,不再威胁用洪水淹没农村,甚至也不再威胁让步行回家的路寒冷而不适,我们还是可以轻松地体验到诗人所经历过的现实。即便今天中国的河流面对着环境的危机,我们还是可以感受到它们在唐代盛夏的炎热和灰尘中,为疲惫的旅行者所提供的那凉爽而甘甜的拥抱。我们会明白,当这些艺术家眺望着汹涌的长江或黄河,抑或凝视着平静的洞庭湖或西湖时,他们为何能够理解这个国家的历史。

如果要花上几小时、几星期、几年的时间才能彻底解读这些诗歌,那么为创作它们所付出的时间和精力似乎便是值得的。在写下一个字或者画下一笔之前,诗人和画家必须思索并吸收自然的养分。明代书画家董其昌说过,画家应该"读万卷书,行万里路":

> 胸中脱去尘浊,自然丘壑内营,立成鄄鄂,随手写出,皆为山水传神。[1]

有些意象很熟悉,甚至很普通。许多文化都把溪流或河流作为时间的象征——变化和短暂的象征,但也是长寿和永恒的象征。在自己踏足大地的很久之前,这些大江大河便已从它们

1　引自董其昌《画旨》。——译注

的源头流向大海，而在自己离开之后，它们依旧会继续奔流，这一认识使诗人和哲学家们变得谦卑。中国作家喜欢宣称帝国更替，但山河不变。孔子说过，逝者如江河，"不舍昼夜"。这种想法令人欣慰。13世纪，一位宋朝将军坐在镇江的北固山上沉思（北固山因《三国演义》而出名，因此极易使人联想起过去）：

千古兴亡多少事？
悠悠！
不尽长江滚滚流。[1]

诗人在水中发现的，与其说是大自然的壮美，不如说是他们自己的内心世界、自己的希望和遗憾。长江一次又一次地预示着出发和离别。嗜酒如命的李白，在南京的一家酒馆里与一位挚友这样告别：

请君试问东流水，
别意与之谁短长。[2]

还是在长江之畔，他又与另一位同伴告别：

---

1 引自辛弃疾《南乡子·登京口北固亭有怀》。——译注
2 引自李白《金陵酒肆留别》。——译注

孤帆远影碧空尽，
唯见长江天际流。[1]

宋朝官员陆游曾在记录自己的长江之行时引用了这两句诗，他评论道："盖帆樯映远山尤可观，非江行久不能知也。"[2]

对于李白，对于所有的诗人和作家，对于所有类型的艺术家来说，水不仅仅象征着渴望、失落和悲伤。我们此前已经看到，在中国，水既有哲学的一面，也有政治的一面；它反映了最高的志向和最抽象的理想，并且植根于日常生活和权力的行使之中。这些多元的特质使它成为艺术家表达艺术不可或缺的一部分。他们不仅将它用于个人表达，还用它来容纳微妙的批评。今天，或者十二个世纪以前，情况都是如此。

如果水在某件中国艺术作品中占据了重要地位，那么我们需要予以密切关注。它要告诉我们的，可能比表面上更多。

▶漫游与流放

这两位著名唐代诗人的性格与能力截然不同。李白是一位浪漫的、醉醺醺的流浪者，有着无与伦比的天赋；杜甫则是一位认真的儒家学者，有着无懈可击的技巧。当然，这只是一个

---

1 引自李白《黄鹤楼送孟浩然之广陵》。——译注
2 引自陆游《入蜀记》卷五。——译注

大概的描述；无论如何，他们并非对手，而是朋友。二人似乎都饱受挫折，生活动荡不安，常常一贫如洗。李白出身不详(他本人的说法或许出自杜撰)，他的家族可能来自中国境外的中亚地区，在李白幼时搬到了四川。李白的自我神话倾向使真相更加模糊：例如，他声称自己是一位剑术高明的剑客，年轻时曾杀过人。研究中国文学的现代学者刘无忌说李白是被流放的天使，因为他的诗超凡脱俗，有种神圣的狂放。

杜甫的家世则比较确定。他出生在河南一个古老而有名望(虽然贫穷)的家庭。在参加科举考试时，主考官对他的文采评价不高，因此只能就任一些薪水不高的低级行政职位，经常处于近乎赤贫的境地。他是一位重视家庭的优秀儒家学者，与嗜酒的李白相比，经常被认为是道德操守的典范，然而，他有一颗过于自由的灵魂，不可能成为一名杰出的官员。

大约在8世纪中叶，两人都感受到了朝中的动荡，这很可能是因为政治上的争斗——这一宫廷内斗似乎也破坏了杜甫在747年第二次参加科举考试的努力。他们被卷入了毁灭性的安史之乱(755—763)，当时大将安禄山以讨伐宰相杨国忠之名举兵叛唐。757年，李白因永王李璘案被判流放，从此开始了一文不名的游历，并在此期间完成了他的诸多作品。756年至757年，杜甫作为一个小官被困在叛军占领的长安，因此得以避免类似加诸李白身上的那些指控。但是，遭受了太多磨难的他还是辞去了官职，在成都定居了下来。其后，他又辞去了在成都的职务，开始在长江中游的湖北、湖南和三峡地区漫游。

这两个人(实际上，通常是所有诗人)对酒的热情，让人不禁把他们与后世那些放荡的作家进行比较。宋代作家陆游曾这样描述自己的放纵："客中得酒薄亦好，江头烂醉真不惜。"**1**。不过，这种酒醉的激情在古诗中的含义和今天是否相同，尚未得出结论。在这种激情中，有一种陶醉的狂喜，而且饮酒在当时并没有招致特别的道德判断。在这种对灵魂的"浸泡"中，河流本身从未远离。李白最著名的饮酒诗《将进酒》是这样开始的：

君不见，
黄河之水天上来，
奔流到海不复回。

770年，杜甫逝世。在关于这件事情的通行说法中，事实与神话很难区分。据说，他在一场暴雨中被冲进了湘江，(我们将会看到)这条特殊的水道常常成为溺水事件的发生场所。**2**评论家戴维·霍克思**3**(David Hawkes)在杜甫的诗中发现了一种"对水和溺水的迷恋"，所以他的诗是预言吗？还是只不过让溺水成了适合这位诗人的死亡方式？我们想怎么理解都行。"水深波浪阔，"杜甫曾这样警告，"无使蛟龙得。"**4**在一个广为流传的

1　　引自陆游《醉歌》。——译注

2　　另一种说法是，杜甫得救了，但又在随后举办的庆祝宴会上死于暴饮暴食。——原书注

3　　戴维·霍克思（1923—2009）：英国红学家，并以研究楚辞、杜诗闻名。译有英语世界第一个《红楼梦》全译本、《楚辞·南方之歌——中国古代诗歌选》和《杜诗初阶》。——译注

4　　引自杜甫《梦李白二首·其一》。——译注

传说中，在杜甫去世的八年之前，李白被龙抓走了：据说他醉醺醺地从船上探出身子去抱月亮的倒影，结果掉进长江溺水而死。

在中国，溺水是一种重要的死亡方式。它不仅是河上无法避免的危险，而且可能成为一种体面的自杀方式，一种纯粹儒家风格的辞世方式。官员如果得不到应有的认可，或许便会以这种方式结束生命以示抗议。比如，公元前27年左右，汉朝官员尹忠在一次黄河大洪水后因被指控失职而受到皇帝的斥责，于是投河自尽，他这样做正是遵循了中国历史上最为著名的一次溺水自尽的先例。

那是在公元前3世纪，诗人、政治家屈原劝楚王不要前往秦国，楚王拒不听从，结果受到阴谋监禁，最终死在那里。尽管屈原事先发出了警告，但他还是受到指责，说楚王之死应该算在他的头上。他被放逐潇湘，一个包括湘江及其支流潇水在内，湖泊、河流密布的地方，位于中国的中南部，长江中游以南，基本相当于今天的湖南。公元前278年，楚国即将灭亡在秦朝的大军手中，万分绝望之下，同时也是出于对不公而腐败的楚国朝廷的抗议，屈原投汨罗江自尽。他手中抱着的石头让他永远沉在了激流之下。

历史学家劳伦斯·施奈德[1](Laurence Schneider)说，屈原的故事使长江以南的这片土地既是"地理的边境，也是体验神话的边

1　劳伦斯·施奈德：美国历史学家，著有《顾颉刚与中国新史学》等作品。——译注

境"。这位大夫的去世正是端午节的由来(这个节日与对国家领导阶层的批评之间的联系如今已被遗忘)。据说,当地渔民曾试图把屈原从浪中拉上船,结果徒劳无功,于是便击鼓划桨,想让魔鬼和鱼远离屈原的尸首。[1]在屈原鬼魂的恳求下,他们把包着绸布的米扔进河中赶走了住在那里的龙。今天,这些包着竹叶的蒸糯米被称为"粽子",供人们在庆祝活动中食用。人们还在河上赛龙舟,再现了当年疯狂寻找屈原尸首的情景。

溺水主题在中国现代文学中依然醒目。在巴金的经典作品《家》[2]中,命运多舛的鸣凤在被情人抛弃后,被许婚给了一个老男人,绝望的她选择了投湖,而非服毒或自刎来结束自己的生命。在曹禺的剧作《雷雨》中,女主人公侍萍在被逼无奈之际同样选择了投河自尽。

曹禺这部一波三折的作品中基本一直在下雨,而杜甫在其诗歌中同样频繁运用雨这一意象,他用它来象征"悲哀"。当然,这一比喻并没有多不寻常,但在中国文学中,它却充满了致命的痛苦气息。在白朴创作的元杂剧《梧桐雨》的高潮部分,唐玄宗听到秋夜的雨落在梧桐上,为死去的爱人杨妃感到悲伤。下面的描述完美地揭示了这位皇帝具有自杀倾向的混乱情绪:

---

1 关于屈原之死有这样一个版本,据说一条大鱼将屈原的尸体整个吞下,然后游过洞庭湖,沿着长江来到这位官员的家乡秭归,并在那里吐出他的尸体让人们安葬。——原书注

2 巴金是中国最为著名的现代作家之一,《家》这部作品原名《激流》,与水的关联更为明显。——原书注

一会价紧呵，似玉盘中万颗珍珠落；
一会价响呵，似珉筵前几簇笙歌闹；
一会价清呵，似翠岩头一派寒泉瀑；
一会价猛呵，似绣旗下数面征鼙操。
兀的不恼杀人也么哥！
则被他诸般儿雨声相聒噪。

生活在中国这些大河之上的人，不会把水看作上天的礼物。水的危险始终隐隐潜伏，它的愤怒代表了人类气质中势不可挡的、毁灭一切的冲动。在《长干行·其二》中，李白用洪水来描写一位年轻农村妇女在丈夫踏上危险的长江之旅后强烈的绝望情绪。不难看出，她正逐渐产生溺水自杀的念头：

昨夜狂风度，
吹折江头树。
淼淼暗无边，
行人在何处。

对于沉浸在中国古代文学传统中的读者来说，水这一诗歌意象可能具有更多的意义，即便我们看不到，但它其实在不同的文化和不同的年代中都得到了充分的表达。为了更好地理解这些艺术家是如何以及为何重视并崇敬水，我们需要深入了解水的哲学和美学内涵。

▶关于流动的形而上学

哲学、美学、地理以及和谐与正直的概念，在阴阳二元论中鲜明地结合在一起。而在另外一门中国传统学说中，也可以看到这种结合。这便是风水。除了中国，风水同样流行于更为广阔的世界，不过只是浮于表面。风水学说同样拥有两极对立的和谐，同样是由在无形的宇宙能量之间获得和谐的渴望所驱动。

在黄河流域的新石器时代文化中，建筑物按照天文学排列见证着早期风水学说的存在，而这种做法后来遍及世界各地。不过，虽然商代的中国天文学家曾用太阳和星星来确定东南西北，但我们不应该认为，把建筑物按照罗盘（指南针）的方向排列，是为了将其用作大型天文仪器——尽管这是对欧洲一些新石器时代建筑物的合理解释。确切地说，其目的其实是形而上的：通过将地球上的结构体与天空中的星星一一对应，可以实现二者之间的阴阳和谐。

这是磁罗盘发展的主要动机之一。大约在1086年，宋代学者沈括在《梦溪笔谈》中第一次描述了磁罗盘。它当然是用于旅行和航海的——官员孟元老[1]在1126年前后曾这样写道："在黑夜或雨天，或多云之夜，水手靠罗盘行船。"——不过起初，它其实是用来看风水的。最早的一些罗盘，指针是用勺子做的，

1 　孟元老：生卒年待考，宋代文学家。后文引自其作品《东京梦华录》。——译注

在船上根本没法用。

风水学说的目的不是让建筑物和结构体与天空的固定方位一致，而是找到无处不在的能量场——适合"气"的流动的位置与安排。气是生命之源，流动于阴阳和谐之处。庄子说过："人之生，气之聚也，聚则为生，散则为气。"[1]

阴阳两极构成了与天体之间的一种联系，但"气"则不受任何刚性网格的约束：它是一个动态的实体。湍急的水流在运输"气"的时候效果特别好，这意味着靠近溪流与河流是建筑选址的基本标准。通过在风水上保证"气"的来源，一座建筑便可以保证居住在其中或附近的家庭的健康和成功。风水学说要求将道路、墙壁、小径和其他结构体的轮廓设计得像河流那样蜿蜒，从而对景观中的"气"进行引导，而不是用笔直的几何线条去阻挡它。

中国画家、作家施美美[2]在《芥子园画传》(1679年由王概、王蓍、王臬三兄弟编著)的当代版序言中，解释了"气"对艺术家的重要意义：

> 与中国画家和评论家的其他以绘画为主题的作品一样，这本画传的基本所有内容都旨在开发画家的精神资源(气)，以表达其"精神"(气)，即道的气息……对气的不断提及不仅是种狂热，还显示了中国人对"气"之存在的坚信……这是中国人对自然

1　引自《庄子·知北游》。——译注
2　施美美(1909—1992)：美籍华裔作家、画家，原名施蕴珍，民初外交家施肇基的女儿。她将《芥子园画传》翻译为英语，引介到了美国。——译注

之秩序与和谐的信仰。

换句话说，山水画中高耸的山峦、窄桥横跨其上的湍急溪流和平静湖泊，也遵循着风水学说的要求，通过引导自然的流动和能量来凝聚"气"。它们表达了一种趋势的平衡：山往上升，雨和河流则往下落。有一个汉字可以精准地描述"与山有关的雾"这一概念——岚，下面是风，上面是山。因此，中国山水画具有中世纪大教堂那样的象征功能，因为它通过隐喻表现了宇宙的秩序与和谐。难怪南齐时期（5世纪）提出的"绘画六法"[1]第一条便是气韵生动。

▶ 为何水不易画

这种活跃在表面之下的精神（气），使中国画家不必再去对虚假的写实主义进行尝试（并使一些西方观察家误以为他们的艺术是粗糙的或拙劣的）。如果艺术家没有在他的作品中注入"气"，那么再精准的表达都毫无意义。正如唐代学者张彦远所说：

夫象物必在于形似，形似须全其骨气，骨气形似，皆本于立

---

1 中国古代绘画术语。南朝齐（479—502）时画家、绘画理论家谢赫在其著作《古画品录》中归纳整理的绘画及品评绘画的六条标准，分别为：气韵生动、骨法用笔、应物象形、随类赋彩、经营位置（或经营置位）、传移模写（或传模移写）。——译注

意而似乎用笔。**¹**

这种使水充满生机的需要，正是宋代艺术家、政治家苏轼在称赞一幅画中的水为"活水"时脑中的想法，他用这个词将其与死气沉沉的"死水"区别了开来。**²**

正因如此，王氏兄弟才花了很多篇幅来说明该如何描绘岩石间的水流。《芥子园画传》中解释说，瀑布和湍流不仅是一幅画的重要元素，还象征着绘画这一行为本身：

摩诘谓画泉，欲其断而不断。所谓断而不断者，必须笔断气不断，形断意不断，若神龙云隐，首尾相连。

所以，流水中不应该存在让人分心的事物，比如一些不知名画家的作品中出现的龙和蛇、岩石和山等，12世纪早期的宋代画家董逌就曾经批评过这一点。他解释说，一位大画家，"使夫萦纡曲直，随流荡漾，自然长纹细络，有序不乱，此真水也"。**³**

要把水画好很难，而且有一些艺术家公认，水的源头是山

---

1 张彦远（815—907）：字爱宾，蒲州猗氏（今山西临猗县）人。唐代官员、画家、绘画理论家。本段引自其代表作《历代名画记·论画六法》。——译注

2 唐宋学者对水的复杂审美甚至延伸到了饮茶和泡茶的品质上。9世纪张又新的《煎茶水记》揭示了这种貌似平凡的活动所蕴含的深刻鉴赏力。正如中国古谚所说，"好茶配好水"。宋朝官员陆游在他的长江之旅中，经常评论各个地方的水质，并对那些"甘"的水质表示欣赏。——原书注

3 董逌：生卒年不详。北宋藏书家、书画鉴定家。本段引自其《广川画跋》。——译注

水画中最难画的部分。14世纪的饶自然曾说过,有些人"间有画一折山,便画一派泉,如架上悬巾,绝为可笑"[1]。人们当然需要暗示源头的存在,但不能过于直白地展示它。在描绘云雾这种更为空灵的水时,中国画家不像与王氏兄弟同时期,即巴洛克时代的欧洲人那样,使用印象派的水洗或空镜子。云雾的流动必须柔美:云是天地与山川的点缀。最好不要将这种流动看作示意图——像连环画一样的理想化过程——而应该认为它是在描绘"气"的流动。以类似方式来思考流动的西方艺术家不多,不过达·芬奇是个例外,这无疑是因为他对流动的形态有着艺术和哲学上双重的强烈兴趣。

古代画家对河流与溪流倾注了大量的心血,他们说,要想画水,需要花上五天的时间。水几乎是一幅作品中必不可少的一部分。艺术史学家大卫·克拉克(David Clarke)说:"无论是宋朝的还是清朝的,在所有的中国画中,云、瀑布与河流都随处可见。"有时,水可能是一幅作品中唯一的主题。宋代画家马远的十二幅《水图》便是以水为核心:其中的《黄河逆流》所描绘的只是一个巨浪,却更加令人惊心动魄。

王氏兄弟解释说,水并不是虚无缥缈的,这与老子认为水可以击山穿石的观点一致。"水生骨";不仅如此,它还滋养着所有的生命:

---

1 引自元代画家饶自然《绘宗十二忌》。饶自然,1312—1365,字太虚,号玉笥山人,江西人。善画山水,著有《山水家法》一书,已佚,仅现存其中《绘宗十二忌》。——译注

且细而流飞沫溅，巨而河润海涵。涓与滴，何莫非天地之血与髓？**1**

因此，我们不能把中国的山水仅仅看成水从坚硬的大地和岩石表面流过。相反，山和水是紧密地交织在一起的：阴和阳，都是整体必需的组成成分。这就是为什么中国传统的风景画被简单地称为"山水"。这相当于一种两性的结合，当然也是一种生殖力旺盛的结合：人们认为，当云触及山顶的岩石时，就会产生水，这些岩石被称为"云根"。清初画家石涛，也是王氏兄弟的同辈及朋友，曾这样声称：

非山之任，不足以见天下之广；非水之任，不足以见天下之大。非山之任水，不足以见乎周流；非水之任山，不足以见乎环抱。山水之任不著，则周流环抱无由。周流环抱不著，则蒙养生活无方。**2**

石涛解释说，事实上，在画作中，水具有与石头相同的图像硬度：

我之受也，山即海也，海即山也，山海而知我受也，皆在人

1　引自《芥子园画传》。——译注
2　引自石涛《苦瓜和尚画语录》。下同。——译注

一笔一墨之风流也。

这种"山"与"水"的对等在石涛的部分作品中相当显而易见，如《黄砚旅诗意图册》(1701—1702) 与《赭墨山水图》(1704)，山水在其中都融为了一体。

与西方的蛋彩画和油画不同，水才是中国画家的主要媒介，而这并非一个巧合。用水泼洒无疑有利于表现水的主题，但是对中国画家来说，水作为媒介，其本身即信息，因为只有通过流动性如此之强的物质，画家才能捕捉到对象的生命力，即"气"。这种通过流动的墨水（水墨）来传达某种精神品质的巫术般的交流，在石涛1702年的一幅山水画的题跋中得到了清晰的体现，他在这篇题跋中解释了下笔应该达到的目标：

一变于水，二运于墨，三受于蒙。[1]

这与现代抽象表现主义所追求的身体、精神和媒介的结合并没有太大的不同，这就是为什么有人说石涛向往着杰克逊·波洛克[2]（Jackson Pollock）所拥有的那种活力，而不仅仅是将二人进行视觉上泛泛的类比。石涛建议画家的手腕动作应该"如水

---

[1] 见石涛《云山图》题跋，引自傅抱石《石涛上人年谱》。——译注

[2] 杰克逊·波洛克（1912—1956）：美国画家，抽象表现主义的代表人物。抽象表现主义是一种艺术运动，以即兴创作为特征，有时也被称为"动作绘画"。——译注

之就深，如火之炎上"[1]——与水一样，它应该"自然而不容毫发强也"。石涛认为，如果一个人的手腕有足够的响应能力，那么只需一笔就可以展示整个宇宙。

因此，在波洛克自由地将颜料滴溅在画布上的250年之前，我们看到石涛将一万个浓重的墨点点在了一幅画好的山水画上，画面一团乌黑，丑陋中展现出一种野性的美。唐代画家王墨[2]走得甚至更远，他的狂放举止让人不禁联想到当代的行为艺术家，正如9世纪著作《唐朝名画录》中所写：

凡欲画图幛，先饮。醺酣之后，即以墨泼。或笑或吟，脚蹙手抹。或挥或扫，或淡或浓，随其形状，为山为石，为云为水。应手随意，倏若造化。

据说王墨有时会用自己的头发当毛笔。不难看出他是如何得到"泼墨"这个绰号的。

所有这些都是在说要尽可能远离写实主义，并且进一步证明了，虽然在早期的西方使臣看来，中国画家是那么天真而原始，但实际上他们已经以一种规范又相当保守的方式，传达出了一种非常现代的观念——艺术重在表达。在不懂行的人看来，中国艺术似乎是重复的，甚至是陈腐的：不断出现的岩石

1　引自石涛《苦瓜和尚画语录》。后同。——译注
2　王墨（？—805）：又称王默、王洽，晚唐著名画家，擅画松石山水，号称"王泼墨"。——译注

和河流，不断出现的诗人凝视着溪流。就连场景也常常千篇一律——树木、瀑布和山峰组合在一起，看起来一点也不像所谓的布景。但这一切都只是风格的问题。判断一幅画的好坏，不是看画家所描绘的主题是否优美或准确，而是看画家的笔触是否反映了他的品德。约翰内斯·维米尔[1]（Johannes Vermeer）这样的西方画家会使用投像器之类的光学仪器来提高作品的精确度，在他的中国同代人看来，这完全不可理解，或者更确切地说，这完全与艺术无关。

因此，艺术家需要做的是赋予风景以意义，而非对其进行忠实的再现。艺术家的意图与其说是表现山水，不如说是改造山水：只有通过诗人的意识，自然才能够成为"景"。宇宙之气通过画家之气发生作用，从而产生了一幅永恒的和谐肖像。时间如流水般逝去——但正如孔子所说，流水本身是永恒的。西方艺术依赖于叙事——特定的人物和事件，稳稳地坐落在时间之中——而中国山水画中的人物则往往是匿名的，无足轻重的。即便是不懂行的人也能清楚地看出：在宇宙的宁静光辉中，人类世界微不足道。我们只不过是浩瀚宇宙的一部分，在此信步游荡。

▶异议的潜流

唐代诗人王维在与他同时代的两位著名诗人李白和杜甫

1　约翰内斯·维米尔（1632—1675）：荷兰著名画家，代表作品有《戴珍珠耳环的少女》等。——译注

面前显得黯然失色,但他更能代表那个时代知识分子的博学本色;除了写作,他在绘画与音乐方面同样出名。他的诗表达了对自然本身的纯粹欣赏,比如《竹里馆》:

独坐幽篁里,
弹琴复长啸。
深林人不知,
明月来相照。

苏轼认为,王维的绘画才能与他的诗歌技巧相辅相成:"味摩诘之诗,诗中有画;观摩诘之画,画中有诗。"[1]

不过,像王维这样的艺术家并不是冷漠的、禁欲的自然崇拜者。他们是世俗的人,是处理国家大事的官员。专职从事绘画是罕见的:画画,就像写诗一样,是每一个受过教育的人都应该去实践的修身养性行为。从唐代到清代,艺术家往往都是文职官员,也就是所谓的进士,他们通过科举考试展示了自己对于哲学经典的把握。尽管这是一个人数不多的精英群体,而且通常都属于富裕阶层(因为教育是要花钱的),但他们的艺术探索与其说是一种闲暇时的追求,或是一种依赖于天赋的专长,不如说是一种所有君子都应具备的技能。[2]这些作品展示了艺术家微妙

---

1 引自苏轼《东坡志林》。——译注
2 把写诗的技能作为个人美德和才智的衡量标准,这一传统在当代中国依然存在。对对联的能力,长期以来一直被用来测试求婚者是否有资格娶某家的女儿。——原书注

而复杂的思想,并且通过引经据典增加了艺术家对自己的学问和头脑的信心。简而言之,你的画作和诗歌揭示了你是个什么样的人。文人在自己的作品中植入自己的思想和观念,使"自我塑造"成了中国艺术的一个方向,这比这一趋势在西方出现早了好几百年。家里的客人可能会被要求用一首诗来纪念某个时刻;朋友们分手时也会为彼此作诗。石涛则喜欢暗示绘画只是他的业余爱好,而写作才是他真正的特长。

对一些官员来说,写诗作画只不过是在工作之余打发时间,因为岗位对他们的要求并不高,当然,因此便产生了大量平庸的艺术作品。不过,另外一些人则是极具天赋的艺术家。作为政治参与者,他们有话要说,也许是有争议的,也许是批判性的。由于中国山水画的内涵超越了山水本身,他们可以将信息隐藏在石头和溪流之中,行家一看便懂。这样一来,那些可能给官员惹上麻烦的批评就变得谨慎而模糊——因为中国统治者很难容忍公开的挑战。政治异议并不一定是针对皇帝本人的,因为许多官方政策都是大臣们制定的,或者至少是大臣们拟定的,而且,朝廷中还存在着各种派系。当一个艺术家的作品被指控具有叛国倾向时,真正的原因可能是政治倾轧和权力游戏。

然而,政治意义是如何通过山水来表达的呢?就拿东亚山水画家们已经运用了几个世纪的"八景"构图来说,其范例在中国、日本和韩国的传统艺术中随处可见。这些田园场景反映了一种对大自然的深度敏感。它们由某一以自然风光闻名的地

明《唐诗画谱》中,唐代诗人王维在辋川竹里馆的河边弹琴、沉思。诗人们因仕途受挫而沮丧时,便会被吸引到这样的地方。正如宋代词人欧阳修在一本诗歌选集的序言中所写:"凡士之蕴其所有,而不得施于世者,多喜自放于山巅水涯之外。"[1]

1　引自梅尧臣《梅圣俞诗集·序》。欧阳修与梅尧臣是挚友,因此为其诗歌选集作序。——译注

区的八景组成，其中最突出的元素是高山、湖泊、河流与薄雾。13世纪宋代画家夏圭的《山市晴岚图》[1]是个典型的例子。集市上只有屈指可数的几点屋顶，一点儿也不热闹；两个孤独的身影在松树的掩映下穿梭于房屋之间；高耸的山峰给这个偏远的集市蒙上了一层阴影；薄雾从蜿蜒于群山之间的河流上升起，笼罩着集市所在的山谷。

通常认为，"八景"传统是由宋代官员宋迪在11世纪开创的。宋迪影响深远的"潇湘八景"如今已不复存在，但从追随他的那些艺术家的作品中——更多的是致敬而非模仿——我们可以看到，它们与夏圭的山水画具有同样微妙的平衡。不过，尽管如此，宋迪的画中却没有一丝优雅与宁静。相反，它们表达的是政治上的幻灭，并且差点让他麻烦缠身。

统治者的不满对自己的作品究竟意味着什么，宋朝的艺术家们对此不抱丝毫乐观的幻想。想一想宋迪的朋友、画家兼诗人苏轼的例子就知道了。在宋仁宗统治时期，苏轼是一位前途无量的年轻官员。1063年，宋仁宗驾崩，苏轼的命运就此急转直下。继位的宋神宗支持政治家王安石的"新政"，苏轼因此被逐出开封的朝廷圈子，南下知杭州。可能是1074年旱灾的缘故，王安石变法失败了，此后有一段时间，苏轼被平了反。

然而政治斗争仍在继续。苏轼的敌人声称，苏轼攻击新政的诗具有煽动性。他被召回都城开封，关进大牢，并接受审判。

1　这里指收藏于美国大都会艺术博物馆的《山市晴岚图》，据信是夏圭的作品。但也有人称此画为《冒雨寻庄图》者。——译注

苏轼解释说，他的诗所针对的是负责新政的官员，而非皇帝本人；他只是履行儒家学者的义务，在皇帝受到坏点子影响时站出来发声。这对他没有任何好处。1079年，在后来被称为"乌台诗案"的事件中，他被判处斩首之刑。[1]不过鉴于有人指出，宋朝开国皇帝宋太祖禁止对官员处以死刑，苏轼便被流放到了长江边上一个偏远的村庄。最终，他被贬到了更为偏远的、疾病肆虐的海南岛，并于1101年在那里去世。

这一事件使诗人们更加谨慎。苏轼本人并未停止用诗歌表达自己的观点，只是将其隐藏得更深，只有少数知识渊博者才能看懂。用典变得极其微妙：例如，一首诗可能会使用与另一首较为直白的诗相同的韵脚。要发掘这些内涵，你必须非常熟悉那些典故。而一旦有人提出指控，诗人则可以对自己的文字做出另一种无害的解释。

画家们也采取了这种隐晦地表示异议的方法。1074年，画家郑夏画了一幅《流民图》，描绘了当年大旱中的难民。这明显是一个政治主题，因此危险随之凸显。官方认为，展示处于如此悲惨境地的百姓，是对宋神宗统治的一种污蔑，郑夏因此而被流放。

同年，宋迪陷入了宫廷政治。他被解职了，官方原因是他要为一场大火承担责任。那场大火起自盐铁部一个无人看管的火炉，据说是宋迪遭人煮药所致，结果席卷了三司使院，烧毁了

1　当时御史台官员试图判苏轼死罪，但事实上苏轼并没有被判处斩首之刑。此处为作者参考史料有误。——译注

许多重要文件。这件事很可能是宋迪的对手用来败坏其名声的诡计。不过,宋迪还是丢了乌纱帽。

似乎正是这种不公刺激宋迪创作了"潇湘八景"。单是名字[1],就表明这些作品都与水的意象有关:

平沙雁落

远浦归帆

山市晴岚

江天暮雪

洞庭秋月

潇湘夜雨

烟寺晚钟

渔村落照

它们貌似都是田园牧歌式的景象,也就是后来《芥子园画传》中所推崇的那种画作。但它们真正要表达的究竟是什么呢?

宋迪选择潇湘作为背景,当然不仅仅是因为它的视觉吸引力。在宋代,这里被认为是一个落后而野蛮的地区,因此常常成为流放之地。战国时期的屈原,这位受到统治者不公平冷落的正直的官员典范,正是被流放到了这里——

---

[1] 这些名字都是别人起的,宋迪并没有给它们命名。当时的一些鉴赏家认为不应该给画起名字。——原书注

也正是在这里，如我们在上文所读到的，他投河自尽以示抗议，将潇湘与对国家的批评永远联系在了一起。

传说中的舜帝也是在巡视潇湘时去世的。后来他的两位妻子娥皇、女英去那里祭拜他，因悲伤过度而双双投河自尽，或许她们跳进去的便是湘江。因此，提到潇湘，人们便会想到，像舜这种明主很难重现。据说，潇湘的鬼魂可以分辨仁君与暴君。当暴虐的秦始皇沿着长江航行至潇湘的娥皇女英祠时，一场危及船只的大风挡住了他的去路，仿佛是在抗议他的无信。秦始皇被大自然的胆大包天激怒了，命3000名囚徒砍倒了娥皇女英祠周围所有的树木，并把山刷成了红色。

除了对地点的选择，宋代画家还可以通过其他方式为山水作品赋予政治色彩。宋朝初期的山水画往往采用"高远"[1]的风格，山峰高耸，矮小的人物或住宅则位于前景的宁静水域四周。这种组合据说是为了赞颂这个等级森严的大国的稳定。11世纪的学者郭熙这样写道：

大山堂堂为众山之主，所以分布以次冈阜林壑，为远近大小之宗主也。其象若大君赫然当阳，而百辟奔走朝会，

1　北宋画家郭熙提出画山有"三远"，山下仰山巅为"高远"，山前窥山后为"深远"，近山望远山为"平远"。——译注

无偃蹇背却之势也。[1]

不过，随后画家们开始越来越多地使用所谓的"平远"视角，山峰较矮，较远，由宽阔的河流和湖泊支配着画面：很少再见到朝廷的威严，这可能象征着，由于受到了驱逐和流放，画家们远离了那种令人窒息的环境。研究宋代艺术文化的专家姜斐德[2](Alfreda Murck)认为，"11世纪后期士大夫中'平远'组合模式的流行，可以合理地归因于大量官员的职业生涯因派系政治而提前结束"。

这种对异议的微妙表达也是诗歌长期拥有的一种功能。杜甫是儒家文人官员的典范，在被朝廷冷落之后，他虽然利用自己的作品批评当局，却仍保持着对国家的忠诚。（杜甫究竟是否适合这样的角色还有待商榷。）苏轼在自己为宋迪的"八景"所写的诗中，曾多次化用杜甫的作品。博学的读者一看便知，他是在暗示这位伟大的唐代诗人所受到的不公正待遇，与自己及宋迪的遭遇如出一辙。

然而，有时人们不禁会觉得这些化用过于隐晦，并不能实现它们的目的。据说，一位鉴赏家可能需要花很多时间来思考一幅画或一首诗，仔细地反复核对它的用典，才

---

1 郭熙（约1000—约1090），北宋杰出画家、绘画理论家。本段引自其山水画创作论《林泉高致集·山水训》，意思是说画作中大山与森林、山谷等其他元素的关系，就像天子与百官的关系。——译注

2 普林斯顿大学博士，曾任美国大都会艺术博物馆东方部副主任，北京大学客座教授。——译注

能弄清它真正的含义。醍醐灌顶的一瞬,进士们往往会喜不自胜地大叫起来。而另一方面,想讨好皇帝的艺术家则会采取官方认可的表达方式。他们的艺术将停留在乐观和吉祥的层面——比如一朵盛开的玫瑰——并且压抑所有自我和个人的表达,以细腻的现实主义风格进行描绘。宋徽宗在1100年登基时只有18岁,他既是一位伟大的艺术赞助者,也是一位拥有天赋的画家和诗人(有人说这是牺牲了他的本职工作换来的)。不过,他对内容和风格的要求非常严格,对身边的每一位宫廷画家都进行过仔细的审查。最合他胃口的一部作品,要数仿品众多的杰作——张择端绘于12世纪初的《清明上河图》。这幅长卷绘制了宋朝都城开封和周边乡村的生活全景,将它们串联起来的是一道穿梭其中的河流。这是一个繁荣而秩序井然的世界,一个因其统治者的德行和智慧而变得和谐的理想社会。

▶批评的洪水

1644年明朝灭亡时,画家石涛还是一个孩子。随后,满洲的女真侵略者攻入中原。17世纪初,努尔哈赤统一了女真各部落,其子皇太极在继位后改国号为清。1643年,皇太极去世,其第九子福临成为清朝新的统治者。当时福临只有6岁,主掌国事的是两位亲王:福临的叔叔多尔衮(努尔哈赤的第十四子)及努尔哈赤的侄子济尔哈朗。

起初，女真作为明朝将军吴三桂的盟友，助其击退了推翻明朝的李自成，因此受到了中国人的欢迎。但在任务完成之后，多尔衮明确地表示，如今吴三桂的军队要听他指挥。清军声称要为崇祯皇帝"报仇"，畅通无阻地进入了北京，得到了天命。福临就此成为清朝定都北京后的第一个皇帝，顺治帝。

与13世纪建立元朝的蒙古入侵者一样，满洲人也在很多方面都被中国文化同化了。但有一件事例外——而这对汉人来说是奇耻大辱——多尔衮坚持所有的男性公民都要像满洲人一样剃头梳辫子，以此作为效忠清朝的标志。拒绝者将被判处死刑。直到清末，这种发型在西方人眼中都是中国"苦力"的特征。汉人认为其缺乏男子气概，因此对新统治者的怨恨根深蒂固。

然而，到了18世纪初，在许多外人看来，清朝似乎是稳定治理的一个典范。在清朝的黄金时代，先后出现了"三位大帝"，康熙大帝（1661—1722）是其中的第一个（其后是雍正和乾隆）。与其他许多中国人一样，石涛虽然有能力适应北方侵略者的统治，却从来没有完全适应过。他认为自己继承了明文化的传统，在自己的山水画中表现出了对王朝更迭之分裂与错位的关注。此外，奉命为康熙大帝或朝廷高官作画时，他还把艺术作为一种用来低调批评国家政策的媒介。水道及对它的不当管理为此提供了一个完美的主题。

石涛的一些画水的风景画给人一种庄严典雅的感觉：静静划船的书生，长江三角洲的辽阔，还有山间的晨雾。不过相比之下，他对表现险恶的风暴与激流更为擅长，且无人能出其右。正如李白所说，这样的水"淼淼暗无边"，透露着一种深切的不安。在一幅描绘暴风雨的画作中，暴怒的大浪仿佛即将淹死一个打算骑牛过河的农民，与此同时，狂风正呼啸着穿过树林。在另一幅类似主题的画作中，画面中的人似乎感觉到了天上正有灾难逼近。

石涛偶尔会冒险让画作的政治内涵更为鲜明。在《淮扬洁秋图》（1705）中，他描绘了当年在扬州附近发生的一场大洪水：这种自然灾害总会使人怀疑统治者是否拥有天命。这次洪水对康熙大帝来讲尤其不利，因为他在这年夏天还到过这个地区，并视察了位于淮河与大运河交汇处的清口的河堤。1699年，这里发生过一场严重的洪水，但在1705年视察时，皇帝对情况保持乐观，认为大运河已逐步恢复了粮食运输的功能，并且谕称："其后水渐归漕，岸高于水。今则岸之去水，又高有丈余……观此形势，朕之河工大成矣。朕心甚为快然。"[1]

但是皇帝返回北京仅仅三天，江苏便开始下雨。八月初，石涛写道："雨后洪流，千里直下，淮扬两郡，俱成泽

1　引自《清圣祖实录》。——译注

国,极目骇人,难安心地。"[1]

不安是对的。八月底,大堤决口,淮河水一泻千里。在《淮扬洁秋图》上,扬州城被泛滥的河水挤在一角,完全屈服于大自然的力量。在这幅画作的自题长诗中,石涛提到隋朝由于忽视和堕落而风雨飘摇,最终失去了天命:

天爱生民民不戴,
人倚世欲天不载。
天人至此岂无干,
写入空山看百代。

乍看之下,这似乎是在赤裸裸地指控清朝皇帝忽视了治水的职责,从而使其统治权受到质疑,其深层含义却并非如此。当时,康熙皇帝之子、皇太子胤礽的恣意妄为引起了公众的广

---

[1] 见石涛《记雨歌帖》,引自傅抱石《石涛上人年谱》。——译注

泛关注。有一次皇帝巡视南京，坐垫碰巧生了虫，皇太子便要求处死颇受百姓爱戴的南京知府。知府侥幸逃过了一劫，太子的傲慢与残暴却有了铁证。胤礽还要求当地盐商送来年轻的男女供他取乐，这令他进一步臭名昭著。在这样的背景下，石涛通过那幅关于洪水的画作和上面的题诗，明显并不是要批评皇帝的忽视，而是在行使自己作为政府官员的儒家义务，警告统治者，那个典型的"不肖子"已经威胁到了其权威。

  这种恭敬的批评不仅得到了容忍，而且得到了接纳。在更多的丑闻之后，皇帝剥夺了胤礽的皇太子身份。在这件事当中，洪水的意象提供了一个植根于水利史的多层次密码，通过它，这位艺术家得以提出了一种朝廷能够接受的批评。毕竟，从其1689年的一幅画作中可以清楚地看出，石涛并非一个革命者——《海晏河清图》这幅画与一个古老的观念遥相呼应：在明君圣主的统治下，国家将风调雨顺，天下太平。

第九章

水与中国的未来

威胁与承诺

Chapter 9

Water and China's Future

Threats and Promise

是以圣人之化世也,
其解在水。
故水一则人心正,
水清则民心易。

《管子》
公元前4世纪

在今天的中国，有两个关于水的重大问题：水资源不足和水污染。

这两个都是新问题。过去，中国需要努力战胜的灾害是水的过多。当然，上天有时也会限制水，以致庄稼枯萎，土地龟裂。同时一些旧有的水资源和土地管理方法也会破坏环境。但今天的不同之处在于，除了大自然可能带来的挑战之外，人类活动使问题更加严峻。随着人口增长、工农业及城市化的发展，对水资源提出了超乎想象的需求，同时也造成了几乎无处不在的水资源恶化。中国的各种水问题现在是相互关联的：污染、筑坝、过度使用、填海造地以及气候变化，共同导致了严重的影响。

这些既是社会、经济和生态问题，也是政治问题。在任何国家都是如此。但在中国，与其他环境恶化问题相比，水的问题显得尤为严峻。在这里，对水的治理象征着国家的性质。对待水的方式和对待人的方式如出一辙，因为它们采取的是同一种哲学。早在古代，人们就认识到了尊重自然与尊重个人之间的联系。春秋时期的《管子》一书中写道：

是以圣人之化世也，其解在水。故水一则人心正，水清则民心易。

考虑到中国水系的现状，我们可以对这种情绪进行一种更为乐观的解读：如果环境的状况改善了，那么中国人民的状况必然也将得到改善。事实上，改善水系状况的努力，与政治话语的拓展和更为自由的新声音的出现息息相关。中国拥有博大精深的哲学和精神智慧，无论儒家、道家，还是重要的外来佛教传统，都认为并不需要惧怕这种开放以及随之而来的一切。

这些问题当然能够解决，只是越拖延便越难解决。没有灵丹妙药，没有权宜之计，必须在科技、立法、社会和政治等多个层面上采取解决办法。一些人认为，关键在于对需求进行管理，鼓励更聪明地用水，并将不同品质的水输送至不同的应用领域。另外一些人则说，和在其他地方一样，在中国，"灰色"的解决方案，包括水坝这种"硬性"工程化结构——只能解决部分问题，却要付出生态系统、栖息地和谋生方式的代价；因此必须将其替换为采用自然或半自然系统的"绿色"基础设施，如湿地、森林生态系统、雨水收集和小型水库，从而提供清洁的水，以此防洪，并进行水力发电。不过这些建议背后有一个无法逃避的事实：改变水，便意味着改变这个国家及其人民。所有的解决办法从根本上都是政治性的，无论它意味着经济重心的转换、对话成员的更替，还是立法权力和责任的下放。中国如何解决其水问题，将不可避免地向我们展示它会如何更为全面地发展，也许前者甚至会催化后者。而如果这个问题得不到解决，其政治影响也将同样深远。

▶向自然宣战

为什么儒家用自然来引导人类的行为，却没有激发人们对自然本身更多的崇敬呢？答案其实很简单。这反映了中国思想的"人类中心主义"偏见：即使不是全都为了我们，也全都与我们有关。从山顶到山谷，处处景观都刻着人类的意识：山脉和山麓不仅成就了我们的故事，还可以为了方便我们而重新排列。对环境的积极干预的确是中国传统政治哲学与西方政治哲学的区别之一，西方的政治哲学中完全没有自然景观的参与。

正如我们在前一章所看到的，这种以人为中心的自然观，增加了中国绘画和诗歌中自然景观的吸引力。画家和作家对自然环境的轮廓和能量流动的高度敏感，在于他们有能力传达这些事物是如何唤起了情绪和伤感、记忆与遐想。宏观世界是用来探索和描绘微观世界的；中国并没有真正的自然写作及欣赏的传统。我们不可能怀疑艺术家和哲学家对自然的钟爱，但他们之所以这样做，很大程度上是因为自然教会了我们如何生活。

这并不是说中国传统没有意识到与环境和谐相处的价值。儒家的态度可能强调治理和控制，但它也提倡适度与平衡。孟子曾提出保护生态系统的措施：不应在池塘和湖泊中使用渔网捕鱼；应限制砍伐树木以保证持续的丰茂。战国时期的《文韬》一书批评统治者"好破坏名山"[1]，造成洪水泛滥。同一时期的《管子》一书则警告说，"为人君而不能谨守其山林、菹泽、草莱，不可以立为天下王"。另外一些主要哲学传统更加倾向于

---

[1] 引自《六韬·逸文》。——译注

尊重环境。道家认为我们应该适应自然，而佛教徒则坚持应该尊重一切生命。[1]《道德经》说："人法地，地法天，天法道，道法自然。"

不过，中国的统治者重视的通常是驯服自然。前文中我们看到，在封建时代的中国，就有大量改造自然的先例。

在过去，对环境的保护并没有被完全忽视，只是排位相当靠后。1973年，周恩来组织召开了第一次全国环境保护会议，却被"文化大革命"的动乱所淹没。国家环境保护局（NEPA）成立于1984年，但它当时只是城乡建设环境保护部下属的一个分支机构，地位不言而喻。

只要有"更重要的"东西优先于环境保护，无论它是意识形态、经济增长、私有制还是金钱，土地、水和生态系统便都会受到影响。其实，与多元民主国家相比，中国更具备统一治理的能力，这使得环境问题从原则上来说更容易解决。多元民主国家已经证明，它们无力采取应对气候变化的有效行动，甚至无力就有效行动达成一致。可是，如果没有显著的知识自由、广泛的参与、适应的意愿和对地方特色的尊重，很难看出气候变化是如何发生的。中国的情况尤其清楚地表明了气候变化与历史偶然性和政治象征意义这两个问题是如何联系在一起的：诸如水资源管理这样的问题所代表的并不仅仅是它本身，它所表

---

1 由英国的菲利普亲王成立于1995年的世界宗教与环境保护联盟称，在中国政府态度鲜明的支持下，它"与中国道教协会、中国佛教协会和国际儒家生态联盟进行协作，鼓励并支持它们对环境保护的兴趣和参与"。——原书注

达的是与道德乃至哲学相关的种种态度。

▶水资源匮乏

中国的大河总有无法抵达海洋的时候。例如309年，一场严重的干旱使长江、黄河和汉江的下游全都干涸了。其实早在公元前1世纪，就有关于如何平衡自然之道和人类需求的争论。当时，学者们和工匠们都想知道，过度灌溉是否会违背水的本性。

但谁也不能否认，1997年黄河在距离渤海650公里的地方断流226天，只不过是一个老问题的再现。干旱非常严重，有一段时间，黄河甚至都没有流到山东省，而山东省一半以上的灌溉用水都来自黄河。水只是单纯地被用完了：中途被引流，或者可能从源头就没有流进黄河。在华北平原，农业对水需求巨大：全国超过五分之二的农田都在这里，而其每年的地表径流仅占全国总量的6%。如果不是这里的农业用水，黄河下游的水位本来应该相当之高。据一位中国水利专家称，自20世纪90年代以来，黄河遭受了双重打击：一是引水量和用水量增加；二是气候变化导致的降雨量显著减少。结果，1952年至2009年，黄河流域的人均可用水量下降了一半以上。研究中国水利的专家、土木工程师阿利斯泰尔·博思威克[1]（Alistair Borthwick）表示：

1　阿利斯泰尔·思威克：英国皇家工程院院士、爱丁堡大学教授。——译注

黄河下游满足生态系统和社会经济需求的能力似乎已经被耗尽……已不能维持其在20世纪50年代的水位，并已下降到即使采取了最新对策却仍无法满足任何主要功能需求的程度。

自20世纪70年代末邓小平实施改革开放政策以来，中国经济逐步增长，用水量随之日益上升。这在一定程度上是受到了制造业崛起的驱动，因为工业用水量大。但是，农业用水仍占全国用水总量的三分之二：中国70%的粮食依赖于人工灌溉。

通过定价机制调节用水量存在一定的弊端。国家对农村地区的供水保障，削弱了提高灌溉效率的动力；而生活水平的提高，则导致了肉类消费的增加和用水效率低下的畜牧业的扩张。既然可以自由地在市场上出售多余的产品，农民们便渴望通过使用更多的水来提高生产力，而且他们更喜欢种植价值高、耗水多的作物，比如水果和坚果，而非谷物和土豆。中国北方的工业和城市化对水的需求也在增加：工业用水所占的比例，自20世纪80年代以来增加了一倍还多。

在华北平原以及其他北部和西部地区，地表水的减少意味着灌溉越来越依赖于地下水的开采。结果，一些地区的地下水位正以惊人的速度下降——达到了每年一米。这进而引发了地面塌陷和沉降。北京便曾经有道路消失在了坑洞里，就连位于相对湿润的气候区的上海，在过去的近一百年里，由于地下水的减少，也已经整体下沉了大约两米。[1]

开始干旱的土地，可能会进入不可逆转的衰退期：农田会变成沙漠。就连长城都被沙子覆盖。西北省份甘肃对于灌溉用水的过度使用，一度使民勤县石羊河流域的绿洲变得干枯，同时令当地的一段汉代长城暴露在了逼近的沙漠和沙尘暴的侵蚀之中。长城的某些位置已经被掩埋，另外一些位置——由泥土而非砖块和石头建造——则已经碎裂。曾经，在甘肃省会兰州，沙尘暴使天空黯淡无光，城市仿佛一张棕黄色的老旧照片。

由于过度耕种和过度灌溉而造成的荒漠化、土壤侵蚀和盐碱化问题，因中国的城市发展而变得更加严重，而这并不仅仅是因为城市需要食物。1998年，中国政府颁布法令，要求所有用于城市建设的可耕地，必须通过在其他地方开垦农田进行补偿，以防国家无法实现粮食自给自足。与许多基于市场的平衡机制一样，这只是把问题转移到了别处。富裕的省份出钱让贫穷的省份开发草原，使新开垦的土地暴露在了径流和侵蚀之中。

▶南水北调

南北走向的大运河，至今仍是中国水利的主导力量。但是现在北方人需要的不是漕粮，而是水本身。

为了缓解北方的用水问题，在技术统治论为主流的20世纪

---

[1] 本书写作于2016年，近几年情况有所改变，如自南水北调正式通水，南水进京后，北京的地下水位开始逐年上升。——译注

50年代出现了一种设想，即长江的水可以沿着一条规模和雄心堪比大运河的水道北上。毛泽东建议说，如果可能的话，缺水的北方从南方"借"是有好处的。南水北调方案考虑了四条可能的路线，范围覆盖了四川的深山到东部的上海。

但直到2002年政府批准了南水北调工程，这些计划才有了实质性的进展。南水北调工程的目标，是通过三条分别长1000多公里的运河，每年将近450亿立方米的淡水从潮湿的长江流域输送到华北平原，从而解决北方的水资源短缺问题。

工程东线大部分与大运河重合。现有的河道被加深、拓宽，沿途增加数十个泵站，用来将水从地势较低的长江输送到黄河。中线从湖北巨大的丹江口水库取水。丹江口水库由建于毛泽东时代的大坝在汉江上蓄水而成，后因南水北调工程之需，政府对该大坝进行了进一步加高。这条水道将水直接输送至北京，预计能满足其三分之一的年用水需求。东线和中线都需要引导水流沿着河床下方的隧道穿过黄河，这是一次非同寻常的对地貌的颠覆。然而，从技术上讲，西线才是最难的，因为它必须利用隧洞和大坝穿越青藏高原的多座山脉，将水从长江源头输送到黄河源头。到目前[1]为止，整个工程已耗资约790亿美元，超过三峡工程总投资的两倍。

东线和中线现在已投入运行。尽管没能在2008年奥运会前实现向北京供水，但它已在2014年开始向首都供应南方的水。

---

1 这里指作者写作本书的时间，即2016年。——译注

为了开垦耕地而对湖泊进行过度的围垦及排水，也会导致水资源的流失。早在宋朝就已经出现了这样的情况。当时的一位官员曾抱怨说河流和湖泊都变成了陆地，朝廷上下却都对此视而不见。

对湖泊的围垦得到了广泛的开展，只是既缺少国家的持续监督，也很少考虑耕种的现实要求，因此，一些围垦项目的最终成果只是获得了毫无价值的贫瘠土地。

随着中国水资源的日益减少，气候变化成为一个决定性因素。与2007年相比，青藏高原的冰川体积预计到2050年将减少28%。青藏高原不仅是黄河和长江的源头，也是湄公河、怒江和东南亚其他主要河流的源头。在宁夏、新疆和青海，预计到21世纪末人均径流将减少20%~40%。

至于如何解决水资源短缺，答案还远未明朗。在世界上的许多地方，这类问题已经通过定价机制得到了解决：如果想让人少用水，就要收取更高的费用。我们当然有理由假设，既然农民基本不需要为灌溉用水付费，那么他们必然没什么动力去开发更为高效的灌溉技术。工业只会同样浪费和污染，而不会研究循环用水的战略。然而，在水资源利用这个领域内，如果相信市场机制能够提高效率，那就太天真了。只把水分配给负担得起的人，会导致严重的社会动荡。

　　一些评论家说，从根源上解决问题更为可行，比如通过对需求进行管理，特别是通过引进更为有效的方法来节约和循环用水，减少污染，并使水质与需求互相匹配。依靠集中处理工厂将所有水恢复至饮用标准，会增加不必要的负担：大部分市政用水都是工业、农业和建筑用水，甚至家庭用水也未必都得是可饮用的。因此，根据需求进行小规模净化可能更有意义。鉴于21世纪中叶可能出现的一场全球性水危机，这些选项和其他一些选项已经得到广泛的讨论。但在中国，这些问题尤为紧迫。经济的飞速增长加上水资源管理的特定地理和历史偶发因素，已在这里或多或少地造成了一种独特的局面。

参考文献

Bibliography

Allan, S., 1997. *The Way of Water and the Sprouts of Virtue*. SUNY Press, Albany.

Allan, S., 2003. 'The Great One, water, and the Laozi: new light from Guodian', *T'oung Pao* 89, 237—85.

Barnett, J., Rogers, S., Webber, M., Finlayson, B. & Wang, M., 2015. 'Transfer project cannot meet China's water needs', *Nature* 527, 295—7.

Blakiston, T. W., 1862. *Five Months on the Yang-Tsze*. John Murray, London.

Blumenberg, H., 1985. *Work on Myth*, transl. R. M. Wallace. MIT Press, Cambridge, Ma.

Boulanger, N. A., 1764. *The Origin and Progress of Despotism: in the Oriental and Other Empires of Africa, Europe and America*. Amsterdam.

Burke III, E. & Pomeranz, K., 2009. *The Environment and World History*. University of California Press, Berkeley.

Bush, S. & Shih, H.-y , 1985. *Early Chinese Texts on Painting*. Harvard University Press, Cambridge, Ma.

Chan, W-T (transl. & ed.), 1963. *A Source Book in Chinese Philosophy*. Princeton University Press, Princeton.

Chang, K. C., 1983. *Art, Myth, and Ritual: The Path to Political Authority in Ancient China*. Harvard University Press, Cambridge, Ma.

Chang, P.-t., 2012. 'The rise of Chinese mercantile power in maritime south-east Asia,c. 1400-1700', in *Crossroads* 6, http: / /www.eacrh.net/ojs/index.php/crossroads/article/view/30/Vol6_Chang_html.

Chetham, D., 2002. *Before the Deluge: The Vanishing World of the Yangtze's Three Gorges*. Palgrave Macmillan, New York.

Chi, C.-T., 1936. *Key Economic Areas in Chinese History*. Allen & Unwin, London.

China Education and Research Network, 'Cleaning the Yellow River',1 January 2001. http://www.edu.cn/special_1506/20060323/t20060323_475l.shtml

Chiu, M. & Zheng, S., 2008. *Art and China's Revolution*. Asia Society, New York & Yale University Press, New Haven.

Clark, C., 1983. *Flood*. Time-Life, Amsterdam.

Clarke, D., 2010. *Water and Art*. Reaktion, London.

Creel, H. G., 1962. *Chinese Thought*. Methuen, London.

Dai, Q.(ed.),1989.*Yangtze! Yangtze!* Available at https:/ /journal.probeinternational. org/ three-gorges-probe /yangtze-yangtze /

Dai, Q. (ed.), 1997. *The River Dragon Has Come!* Available at https:/ /journal.probeinternational.

org/ the-river-dragon-has-come /

De Villiers, M., 2000. *Water*. Houghton Mifflin, Boston.

Diamond, J., 1998. *Guns, Germs and Steel*. Vintage, London.

Dodgen, R. A., 2001. *Controlling the Dragon: Confucian Engineers and the Yellow River in Late Imperial China*. University of Hawaii Press, Honolulu.

Dreyer, E. L., 2007. *Zheng He: China and the Oceans in the Early Ming Dynasty,1405—1433*. Pearson Education & Longman, New York.

Dundes, A. (ed.), 1988. *The Flood Myth*. University of California Press, Berkeely.

Economy, E. C., 2010. *The River Runs Black*. Cornell University Press, Ithaca.

Edmonds, R.L., 1994. *Patterns of China's Lost Harmony*. Routledge, London.

Elvin, M., 1973. *The Pattern of the Chinese Past*. Eyre Methuen, London.

Gleick, P. H., 2008. 'China and water'. In P. H. Gleick & M. J. Cohen (eds),*The World's Water 2008—2009*. Island, Washington DC.

Graham, A. C., 1989. *Disputers of the Tao: Philosophical Argument in Ancient China*. Open Court, La Salle, Il.

Greer, C., 1979. *Water Management in the Yellow River Basin of China*. University of Texas Press, Austin.

Hawkes, D., 1987. *A Little Primer of Tu Fu*. Renditions, Hong Kong.

Hay, J., 2001. *Shitao: Painting and Modernity in Early Qing China*. Cambridge University Press, Cambridge.

Hessler, P., 2001. *River Town*. John Murray, London.

Hinton, H. C., 1956. *The Grain Tribute System of China (1845—1911)*. Harvard University Press, Cambridge, Ma.

Huang, W., 1978. *Conquering the Yellow River*. Foreign Languages Press, Beijing.

Hung, W. , 2008. *Displacement: The Three Gorges Dam and Contemporary Chinese Art*. Smart Museum of Art, University of Chicago.

Institute for Governance and Sustainable Development, 2010. 'Retreat of Tibetan plateau glaciers caused by global warming threatens water supply and food security'. www.igsd.org/ documents/TibetanPlateauGlaciers Note_10August2010.pdf

Jacobs, A., 2013. 'Plans to harness Chinese river's power threaten a region' *New York Times* 4 May. http://www.nytimes.com/2013/05/05/world/asia/plans-to-harness-chinas-nu-river-threaten-a-region.html

Keay, J., 2008. *China: A History*. HarperCollins, London.

Kirk, G. S., 1970. *Myth: Its Meaning and Functions in Ancient and Other Cultures.* Cambridge University Press, London.

C. Larson, 2009. 'On Chinese water project, a struggle over sound science', Environment 360 report http://e360.yale.edu/content/feature.msp?id=2103

Le Comte, Lewis, 1739. *A Compleat History of the Empire of China.* James Hodges, London.

Levathes, L., 1994. *when China Ruled the Seas.* Simon & Schuster, New York.

Lewis, M. E., 2006. *The Flood Myths of Early China.* SUNY Press, Albany.

Li, C.-y, 2012. 'Beneficiary pays: forging reciprocal connections between private profit and public good in hydraulic reform in the Lower Yangzi delta, 1520s—1640s', *T'oung Pao* 98, 385—438.

Li, C.-y, 2015. 'Water management and the legitimization of the Yongle reign, 1403—1424: an approach of political ecology', in *Local Realities and Environmental Changes in the History of East Asia*, ed. T.-j. Liu, pp. 51—87. Routledge, London.

Li, C.-y, 2010. 'Contending strategies, collaboration among local specialists and officials, and hydrological reform in the late-fifteenth-century Lower Yangzi delta', *East Asian Science, Technology and Society* 4, 229—53.

Lieberthal, K. & Oksenberg, M. (eds), 1988. *Policy Making in China: Leaders, Structures, and Processes.* Princeton University Press, Princeton.

Liu, W.-C., 1966. *An Introduction to Chinese Literature.* Indiana University Press, Bloomington.

Lorge, P., 2005. *War, Politics and Society in Early Modern China 900—1795.* Routledge, London.

Lynn, M. (ed.), 1997. *Yangtze River: The Wildest, Wickedest River on Earth.* Oxford University Press, Oxford.

Ma, J., 2004. *China's Water Crisis*, transl. N. Y Liu & L. R. Sullivan. Eastbridge, Norwalk, Ct.

Marks, R. B., 2011. *China: Its Environment and History.* Rowman & Littlefield, Lanham, Md.

Marks, R. B., 1998. *Tigers, Rice, Silk, and Silt: Environment and Economy in Late Imperial South China.* Cambridge University Press, Cambridge.

Martin, B. G., 1996. *The Shanghai Green Gang: Politics and Organized Crime, 1919—1937.* University of California Press, Berkeley.

Mathews, J. A. & Tan, H., 2014. 'Manufacture renewables to build national security', *Nature* 513, 166.

Mertha, A. C., 2010. *China's Water Warriors: Citizen Action and Policy Change.* Cornell University Press, Ithaca, NY.

Minford, J. & Lau, J. S. M. (eds), 2000. *Chinese Classical Literature: An Anthology of Translations, Vol. I: From Antiquity to the Tang Dynasty.* Columbia University Press, New York.

Mithen, S., 2012. *Thirst: Water and Power in the Ancient World.* Weidenfeld & Nicolson, London.

Murck, A., 2000. *Poetry and Painting in Song China: The Subtle Art of Dissent*. Harvard University Press, Cambridge, Ma.

Needham, J. & Ronan, C. A., 1978. *The Shorter Science and Civilization in China*, Vol.1. Cambridge University Press, Cambridge.

Needham, J. & Ronan, C. A., 1986. *The Shorter Science and Civilisation in China*, Vol. 3. Cambridge University Press, Cambridge.

Needham, J. & Wang, L., 1959. *Science and Civilization in China, Vol. III: Mathematics and the Sciences of the Heavens and the Earth*. Cambridge University Press, Cambridge.

Needham, J., Wang, L. & Lu, G.-D., 1971. *Science and Civilization in China, Vol. IV, Part 3: Physics and Physical Technology: Civil Engineering and Nautics*. Cambridge University Press, Cambridge.

Oldstone-Moore, J., 2003. *Understanding Confucianism*. Duncan Baird, London.

Owen, S., 1981. *The Great Age of Chinese Poetry: The High T'ang*. Yale University Press, New Haven.

Padovani, F., 2006. 'The Chinese way of harnessing rivers: the Yangtze River'.In T. Tvedt & E. Jakobsson (eds), *A History of Water, Vol. 1: water Control and River Biographies*, pp. 120-43. I. B. Tauris, London.

Padovani, F., 2006. 'Displacement from the Three Gorges region', *China Perspectives*, July—August.

Palmer, M. (transl.), 2006. *The Book of Chuang Tzu*. Penguin, London.

Palmer, M. A., Liu, J., Matthews, J. H., Mumba, M. & D-Odorico, P., 2015. 'Water security: gray or green?', *Science* 349, 584—5.

Perdue, P. C., 1987. *Exhausting the Earth: State and Peasant in Human, 1500—1850*. Harvard University Press, Cambridge.

Pietz, D., 2006. 'Controlling the waters in twentieth-century China: The Nationalist state and the Huai River'. In T. Tvedt & E. Jakobsson (eds), *A History of Water Vol. 1: Water Control and River Biographies*, pp. 92—119. I. B. Tauris, London.

Pietz, D., 2014. *The Yellow River: The Problem of Water in Modern China*. Harvard University Press, Cambridge, Ma.

Priscoli, J. D. & Wolf, A. T., 2009. *Managing and Transforming Water Conflicts*. Cambridge University Press, New York.

Qiu, J., 2014. 'Chinese data hint at trigger for fatal quake', *Nature* 513, 154.

Rawski, T. G. & Li, L. M., 1992. *Chinese History in Economic Perspective*. University of California Press, Berkeley.

Ronan, C. A., 1986. *The Shorter Science and Civilisation in China*, Vol. 3. Cambridge University

Press, Cambridge.

Ropp, P. S. (ed.), 1990. *Heritage of China*. University of California Press, Berkeley.

Sage, S. F., 1992. *Ancient Sichuan and the Unification of China*. SUNY Press, Albany.

Sawyer, R. D., 2004. *Fire and Water: The Art of Incendiary and Aquatic Warfare in China*. Westfield, Boulder, Co.

Schafer, E. H., 1973. *The Divine Woman: Dragon Ladies and Rain Maidens in T'ang Literature*. University of California Press, Berkeley.

Schoppa, R. K., 1989. *Xiang Lake: Nine Centuries of Chinese Life*. Yale University Press, New Haven.

Shang, Y., Shang, H., Liang, J., Shen, H. & Liu, G., 2013. 'Comprehensive study on degradation and management of Baiyangdian Lake in North China', *Journal of Environmental Science and Engineering B* 2, 337—42.

Shapiro, J., 2001. *Mao's War Against Nature*. Cambridge University Press, Cambridge.

Shapiro, J., 2012. *China's Environmental Challenges*. Polity, Cambridge.

Shaughnessey, E. L., 2005. *Ancient China: Life, Myth and Art*. Duncan Baird, London.

Spence, J. D., 1996. *God's Chinese Son: The Taiping Heavenly Kingdom of Hong Xiuquan*. W. W. Norton, New York.

Spence, J. D., 1999. *The Search for Modern China*. W. W. Norton, New York.

Strang, V., 2004. *The Meaning of Water*. Berg, Oxford.

Sze, M.-m. (ed. & transl.), 1978. *The Mustard Seed Garden Manual of Painting*. Princeton University Press, Princeton.

Talhelm, T., Zhang, X., Oishi, S., Shimin, C., Duan, D., Lan, X. & Kitayama, S., 2014. 'Large-scale psychological differences within China explained by rice versus wheat agriculture', *Science* 344, 603—608.

Temple, R., 1998. *The Genius of China*. Prion, London.

Van Slyke, L. P., 1988. *Yangtze: Nature, History and the River*. Addison Wesley, Reading, Ma.

Viollet, P.-L., 2007. *Water Engineering in Ancient Civilizations: 5,000 Years of History*. CRC Press, Boca Raton, Fl.

Wade, G., 2004. 'The Zheng He voyages: a reassessment', *Asia Research Institute Working Paper* No. 31. http://www.ari.nus.edu.sg/wrps/wps04_031.pdf

Ward, J., 2001. *Xu Xiake (1587—1641): The Art of Travel Writing*. Curzon, Richmond.

Watson, P. (transl.), 2007. Grand Canal, *Great River: The Travel Diary of a Twelfth-Century Chinese Poet*. Francis Lincoln, London.

Watts, A., 1976. *Tao: The Watercourse Way*. Jonathan Cape, London.

Wilkinson, P., 2005. *Yangtze*. BBC Books, London.

Winchester, S., 1998. *The River at the Centre of the World*. Penguin, London.

Wiseman, M. B. & Liu, Y., 2011. *Subversive Strategies in Contemporary Chinese Art*. Brill, Leiden.

Wittfogel, K. A., 1957. *Oriental Despotism: A Comparative Study of Total Power*. Yale University Press, New Haven.

Wu, H., 2008. *Displacement: The Three Gorges Dam and Contemporary Chinese Art*. Smart Museum of Art, University of Chicago.

Wu, K. C., 1982. *The Chinese Heritage*. Crown, New York.

Xiong, V. C., 2006. *Emperor Yang of the Sui Dynasty: His Life, Times, and Legacy*. SUNY Press, Albany.

Xu, J., 2005. 'The water fluxes of the Yellow River to the sea in the past 50 years, in response to climate change and human activities', *Environmental Management* 35, 620—31.

Yardley, J., 2007. 'Chinese dam projects criticized for their human costs', *New York Times* 19 November. http://www.nytimes.com/2007/11/19/world/asia/ 19dam.html

Yoshihara, T. & Holmes, J. R. (eds), 2008. *Asia Looks Seaward: Power and Maritime Strategy*. Prager Security International, Westport, Ct.

Zheng Xiao Yun, 2010. 'Shaping beliefs, identities and institutions: the role of water myths among ethnic groups in Yunnan, China.' In T. Tvedt & T. Oestigaard (eds), *A History of Water. Series II, Vol.1: Ideas of Water from Ancient Societies to the Modern World*, pp. 405—423. I. B. Tauris, London.

Zhang, B. & Cao, C., 2015. 'Four gaps in China's new environmental law', *Nature* 517, 433—4.

Zhang, Q., Xu, C.-Y, Yang, T & Hao, Z.-C., 2010. 'The historical evolution and anthropogenic influences on the Yellow River from ancient times to modern times.' In T. Tvedt & R. Coopey (eds), *A History of Water. Series II, Vol. 2: Rivers and Society: From Early Civilizations to Modern Times*, pp. 144—64. I. B. Tauris, London.